SINOMAPS
PRESS
中国地图出版社

世界

ATLAS
OF THE
WORLD

界

地 图 册

U0129624

中国地图出版社

图书在版编目（CIP）数据

世界地图册 = Atlas of the World：汉英对照 /
中国地图出版社编著.——北京：中国地图出版社，
2023.2（2024.3重印）
ISBN 978-7-5204-3457-7

Ⅰ.①世… Ⅱ.①中… Ⅲ.①世界地图–地图集
Ⅳ.①K991

中国国家版本馆CIP数据核字(2023)第021397号

责任编辑　邸香平
制　　图　王　震　田慧影
审　　校　李安强
审　　订　范　毅

世界地图册

出版发行　中国地图出版社
社　　址　北京市西城区白纸坊西街3号　　　　　邮政编码　100054
网　　址　www.sinomaps.com
印　　刷　北京天恒嘉业印刷有限公司　　　　　　经　　销　新华书店

成品规格　170mm × 240mm　　　　　　　　　印　　张　8

印　　次　**2024年3月修订 北京第4次印刷**　　　版　　次　2023年2月第1版
印　　数　18001—23000　　　　　　　　　　　定　　价　28.00元

书　　号　ISBN 978-7-5204-3457-7
审 图 号　GS京(2022)1591号

本图册中国国界线系按照中国地图出版社1989年出版的1：400万《中华人民共和国地形图》绘制。
咨询电话：010-83493050（编辑），010-83493029（印装），010-83543956、83493011（销售）

目　录
CONTENTS

图 例
LEGEND

居 民 点

序图／洲图

- ● 首都、首府
- ○ 其他居民点

国家／地区图

- ■ 首都、首府
- ◎ 重要城市
- ⊙ 一般城市
- ○ 村镇
- ● 一级行政中心

境 界

├─·─┼─·─┤	洲界
─·─··─·─	国界
─ ─ ─ ─	未定国界
────────	一级行政区界
─ ─ ─ ─ ─	特别行政区界
─ ─ ─ ─ ─	地区界
+++++++++	军事分界线

交 通

─── 未成 - - -	铁路
── 未成	高速公路
────────	一般公路
- - - - - - -	大道
··················	轮渡
✈	机场
⚓	港口

水 系

	河流、瀑布
	湖泊
	井 泉
	沼泽 盐沼

其 他

⊓⊓⊓⊓⊓	长城
	珊瑚礁
	沙漠
✳	地磁极
▲ ▲	山峰 火山
✕	关隘、山口

1爱沙尼亚 2拉脱维亚 3丹麦 4立陶宛 5俄罗斯 6荷兰 7比利时 8卢森堡 9捷克
18圣马力诺 19斯洛文尼亚和黑塞哥维那 20塞尔维亚 21安道尔 22梵蒂冈 23黑山
31塔吉克斯坦 32吉尔吉斯斯坦 33塞浦路斯 34黎巴嫩 35巴勒斯坦 36以色列

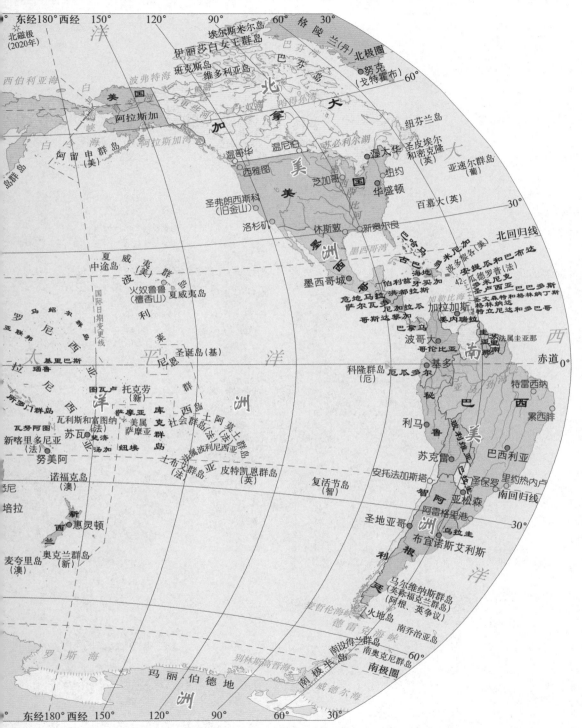

东经180° 西经 150° 120° 90° 60° 30°

北磁极
(2020年)

西伯利亚海

白令海峡

阿留申群岛
(美)

岛群岛

太

罗
亚联斯·
马绍尔群岛

基里巴斯

图瓦卢

所罗门群岛

瓦努阿图
新喀里多尼亚
(法)
努美阿

诺福克岛
(澳)

培拉

麦夸里岛
(澳)

罗 斯 海

玛丽·伯德地

埃尔斯米尔岛
伊丽莎白女王群岛
班克斯岛
维多利亚岛

大熊湖

大奴湖

哥伦比亚

西雅图

圣弗朗西斯科
(旧金山)

洛杉矶

夏威夷
中途岛
(美) 群
波 岛
火奴鲁鲁
(檀香山) 夏威夷岛

利

尼
圣诞岛(基)

托克劳
(新)

萨摩亚
瓦利斯和富图纳
(法)
美属
斯瓦 萨摩亚
斐济
汤加

纽埃

社会群岛
(法)

库克
群岛
(新)

复活节岛
(智)

皮特凯恩群岛
(英)

新
西
兰

惠灵顿

奥克兰群岛
(新)

格陵兰(丹)

北极圈

努克
(戈特霍布)

纽芬兰岛

渥太华 蒙特利尔

温尼伯

芝加哥

美
国
华盛顿

百慕大(英)

休斯敦 新奥尔良

墨西哥湾

哈瓦那
古巴
牙买加

波多黎各(美)
多米尼加

安提瓜和巴布达
(法)

瓜德罗普(法)

墨西哥城
伯利兹

危地马拉
萨尔瓦多
洪都拉斯
尼加拉瓜
哥斯达黎加
巴拿马

波哥大
哥伦比亚

圣文森特和格林纳丁斯
格林纳达
特立尼达和多巴哥

委内瑞拉

苏里南

科隆群岛
(厄)

厄瓜多尔

基多

巴西

特雷西纳

累西腓

利马
秘鲁

苏克雷

巴西利亚

里约热内卢

圣保罗

南回归线

安托法加斯塔

圣地亚哥

智
利

阿雷格里港

乌拉圭

布宜诺斯艾利斯

阿
根
廷

马尔维纳斯群岛
(英称福克兰群岛)
(阿根、英争议)

火地岛

南乔治亚岛

麦哲伦海峡

德雷克海峡

别林斯高晋海

南设得兰群岛

南奥克尼群岛

威德尔海

南极圈

北
美
洲

南

美

洲

东经180° 西经 150° 120° 90° 60° 30°

洋

大
西
洋

太
平
洋

南
美

洲

西
洋

赤道 0°

北极

加

拿

美
洲

大
洋

尼
西
亚

玻
利
尼
西
亚

洲

洲

美
拉
尼
西
亚

阿拉斯加
(美)
阿拉斯加湾

温哥华

纽约

圣皮埃尔
和密克隆
(英)

亚速尔群岛
(葡)

北回归线 30°

60°

加勒比海

42°

多米尼克

圣卢西亚
巴巴多斯

安

第

斯

山

脉

国际日期变更线

60° 60°

南极洲

南极洲

0°

30°

10瑞士 12奥地利 13斯洛伐克 14匈牙利 15斯洛文尼亚 16克罗地亚 17摩纳哥
巴尼亚 25北马其顿 26摩尔多瓦 27保加利亚 28格鲁吉亚 29亚美尼亚 30阿塞拜疆
白联合酋长国 38厄立特里亚 39卢旺达 40布隆迪 41马来西亚 42圣基茨和尼维斯

比例尺 1:109 000 000   0   1090   2180   3270km

5

① 格鲁吉亚 Georgia
② 亚美尼亚 Armenia
③ 阿塞拜疆 Azerbaijan
④ 阿拉伯联合酋长国
　United Arab Emirates

新西伯利亚群岛
Novosibirskiye o-va
东西伯利亚海
EAST SIBERIAN SEA
普捷夫海
LAPTEV
德维克
季克西
拉普
勒拿河
R. Lena
上扬斯克
东经E180°西经W
杰日尼奥夫角
弗兰格尔岛
北极圈
Arctic Circle
普罗维杰尼亚
安巴奇克
埃文斯克
马加丹
堪察加半岛
科曼多尔群岛
阿图岛
北美洲
NORTH AMERICA
白令海
BERING SEA
阿留申群岛 Is.
Aleutian
40°

博代博
贝加尔湖
oz. Baykal
斯科沃罗季诺
伊尔库茨克
赤塔
乌兰乌德
大
黑龙江
兴
鄂霍次克海
SEA OF OKHOTSK
尼古拉耶夫斯克(庙街)
共青城
哈巴罗夫斯克(伯力)
彼得巴甫洛夫斯克
萨哈林岛(库页岛)
o. Sakhalin
苏维埃港
稚内
符拉迪沃斯托克(海参崴)
千岛群岛
Kuril'skiye o-va
函馆北海道岛
青森
本州岛

乌兰巴托
Ulaanbaatar
赛音山达
乔巴山
蒙
古
满洲里
安
岭
松花江
哈尔滨
长春
沈阳
朝鲜
平壤
D.P.R.KOREA
P'yongyang
新潟
东京
Tōkyō
横滨
北回归线
Tropic
of Cancer
20°

MONGOLIA
达兰扎德嘎德
呼和浩特
北京
Beijing
阴山
天津
大连
韩国
R.O.KOREA
首尔
Seoul
世宗
名古屋
大阪
四国岛
日本海
SEA OF JAPAN
小笠原诸岛
(日)

玉门
银川
太原
济南
黄海
YELLOW SEA
釜山
下关
长崎
九州岛
火山列岛
(日)
北马里亚纳群岛

人民共和国
REPUBLIC 兰州 OF CHINA
西安 郑州
秦岭
合肥
连云港
南京 上海
杭州
东海
EAST CHINA SEA
赤尾屿
太
PACIFIC OCEAN

成都
长江
重庆
贵阳
长沙
南昌
福州
钓鱼岛
琉球群岛
Ryūkyū-guntō
台湾岛
平
洋

拉萨
喜马拉雅山
Himalayas
密支那
孟加拉
DESH
缅甸
MYANMAR
昆明
南宁
西江
广州
香港
澳门
海口
东沙群岛
Dongsha
Qundao
吕宋岛
Luzon
马尼拉
Manila
黎牙实比
群
岛
加
罗
林
Caroline Is.

内比都
Pyi Taw
万象
Vientiane
中南半岛
老挝
LAOS
越南
VIET NAM
海南岛 西沙群岛
Xisha Qundao
黄岩岛
三沙
黎刹
宿务
大
OCEANIA

仰光
泰国
THAILAND
曼谷
Krung Thep
(Bangkok)
柬埔寨
CAMBODIA
胡志明市
金边
Phnom Penh
岘港
兰沙
中沙群岛
Zhongsha Qundao
菲律宾
PHILIPPINES
达沃
棉兰老岛
Mindanao
洋

安达曼海
ANDAMAN SEA
南沙群岛
Nansha Qundao
曾母暗沙
文莱
BRUNEI
苏拉威西海
SULAWESI SEA
鲁
古
新几内亚(伊里安岛)
New Guinea (Irian)

马来半岛
马来西亚
MALAYSIA
吉隆坡
Kuala Lumpur
婆罗洲
苏拉威西岛
Sulawesi
古
马老省
班达海
BANDA SEA

苏门答腊岛
Sumatera
新加坡
SINGAPORE
加里曼丹岛
Kalimantan
大巽他群岛
Gr. Sunda Is.
INDONESIA
印度尼西亚
珊瑚海
CORAL SEA

爪哇海
JAWA SEA
雅加达
Jakarta
爪哇岛
Jawa
泗水
努沙登加拉群岛
Nusa Tenggara
帝力 Dili
东帝汶
TIMOR-LESTE
帝汶岛
阿拉弗拉海
ARAFURA SEA
20°

100°
120°
140°

比例尺 1:44 400 000   0   444   888   1332km

7

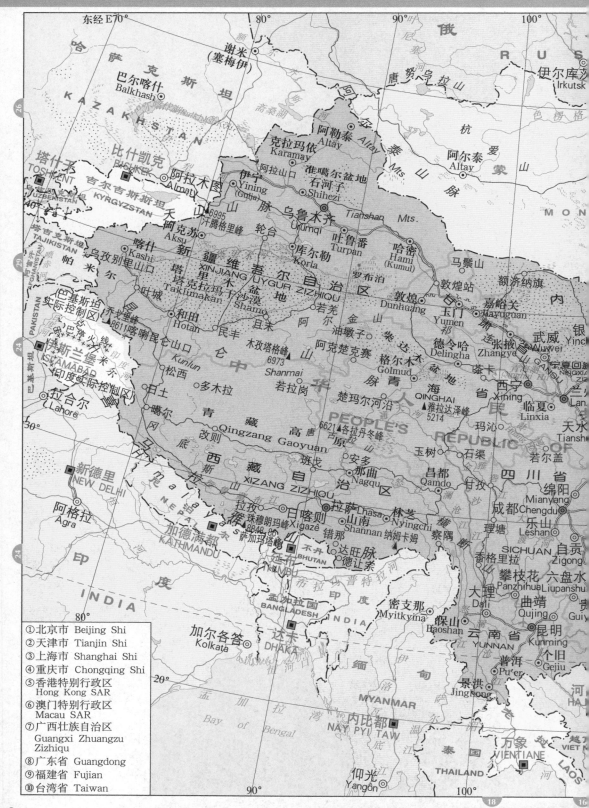

①北京市 Beijing Shi
②天津市 Tianjin Shi
③上海市 Shanghai Shi
④重庆市 Chongqing Shi
⑤香港特别行政区
　Hong Kong SAR
⑥澳门特别行政区
　Macau SAR
⑦广西壮族自治区
　Guangxi Zhuangzu
　Zizhiqu
⑧广东省 Guangdong
⑨福建省 Fujian
⑩台湾省 Taiwan

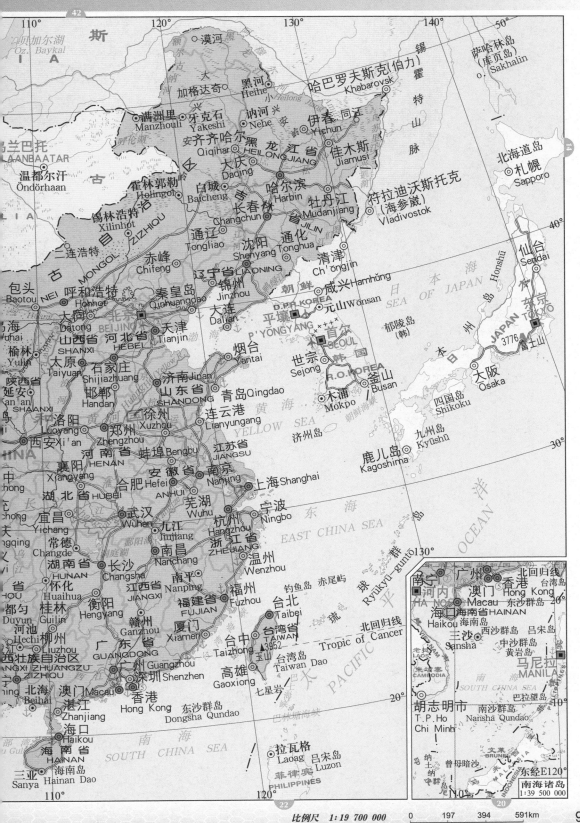

110° 120° 130° 140° 50°

斯

Oz. Baykal
贝加尔湖

○漠河

○加格达奇
Jiagedaqi

黑河 Heihe

哈巴罗夫斯克(伯力)
Khabarovsk

锡

萨哈林岛
(库页岛)
O. Sakhalin

○满洲里
Manzhouli

牙克石
Yakeshi

讷河
Nehe

伊春
Yichun

同江

特
山
脉

北海道岛

○札幌
Sapporo

ANBAATAR
乌兰巴托

安齐齐哈尔
Qiqihar

黑 龙 江 省
HEILONGJIANG

佳木斯
Jiamusi

温都尔汗
Öndörhaan

古

大庆
Daqing

IA
LIA

霍林郭勒
Holingol

白城
Baicheng

哈尔滨
Harbin

牡丹江
Mudanjiang

符拉迪沃斯托克
(海参崴)
Vladivostok

本
海

SEA OF JAPAN
日本海

40°

仙台
Sendai

锡林浩特
Xilinhot
自 ZIZHIQU

通辽
Tongliao

长春
Changchun

省 JILIN

清津
Ch'ongjin

本

JAPAN
日
本

东京
TOKYO

3776

富士山

三连浩特

沈阳
Shenyang

通化
Tonghua

赤峰
Chifeng

MONGOL
蒙古

辽宁省
LIADNING

朝 鲜

咸兴 Hamhŭng

州
岛

Honshū

包头
Baotou

NEI
内

呼和浩特
Hohhot

秦皇岛
Qinhuangdao

锦州
Jinzhou

D.PR.KOREA

元山 Wonsan

郁陵岛
(韩)

海

大同
Datong

北京
BEIJING

天津
Tianjin

大连
Dalian

平壤
P'YONGYANG

世宗
Sejong

首尔
SEOUL

本

大阪
Osaka

四国岛
Shikoku

山西省
SHANXI

河北省
HEBEL

山东省
SHANDONG

青岛 Qingdao

釜山
Busan

太原
Taiyuan

石家庄
Shijiazhuang

济南 Jinan

韩

木浦
Mokpo

R.O.KOREA

九州岛
Kyūshū

延安

徐州
Xuzhou

连云港
Lianyungang

黄 海
YELLOW SEA

济州岛

朝鲜海峡

鹿儿岛
Kagoshima

30°

和洛阳
Luoyang

郑州
Zhengzhou

江苏省
JIANGSU

西安 Xi'an

河南省
HENAN

蚌埠 Bengbu

安徽省
ANHUI

南京
Nanjing

上海 Shanghai

东 海

襄阳
Xiangyang

合肥 Hefei

湖 北 省
HUBEI

武汉
Wuhan

芜湖
Wuhu

宁波
Ningbo

EAST CHINA SEA

宜昌
Yichang

九江
Jiujiang

杭州
Hangzhou

洋

常德
Changde

南昌
Nanchang

浙 江 省
ZHEJIANG

温州
Wenzhou

OCEAN

湖南省
HUNAN

长沙
Changsha

南平
Nanping

钓鱼岛 赤尾屿

球

Ryūkyū-guntō 130°

怀化
Huaihua

江西省
JIANGXI

福州
Fuzhou

琉

北回归线

桂林
Guilin

衡阳
Hengyang

赣州
Ganzhou

福建省
FUJIAN

台北
Taibei

Tropic of Cancer

太

河池
Hechi

柳州
Liuzhou

厦门
Xiamen

台中
TAIWAN
3952

台湾省

西壮族自治区
ZHUANGZU

广 东 省
GUANGDONG

广州
Guangzhou

深圳
Shenzhen

高雄
Gaoxiong

玉山 台湾岛
Taiwan Dao

平

北海
Beihai

澳门 Macau

香港
Hong Kong

七星岩

湛江
Zhanjiang

东沙群岛
Dongsha Qundao

20°

海口
Haikou

南 海

SOUTH CHINA SEA

巴林塘海峡

洋

三亚
Sanya

海南省
HAINAN

海南岛
Hainan Dao

拉瓦格
Laoag

吕宋岛
Luzon

PACIFIC

菲律宾
PHILIPPINES

110° 120°

南宁 广州

北回归线
台湾岛

河内
HA NOI

澳门

香港
Hong Kong

海 海南省 HAINAN

东沙群岛 20°

Haikou

三沙
Sansha

西沙群岛 吕宋岛
中沙群岛
黄岩岛

马尼拉
MANILA

LAOS

南

SOUTH CHINA SEA

巴拉望岛

10°

胡志明市
T.P.Ho
Chi Minh

南沙群岛
Nansha Qundao

文莱
BRUNEI

曾母暗沙

东经E120°

南海诸岛
1:39 500 000

22
20

比例尺 1:19 700 000   0   197   394   591km

9

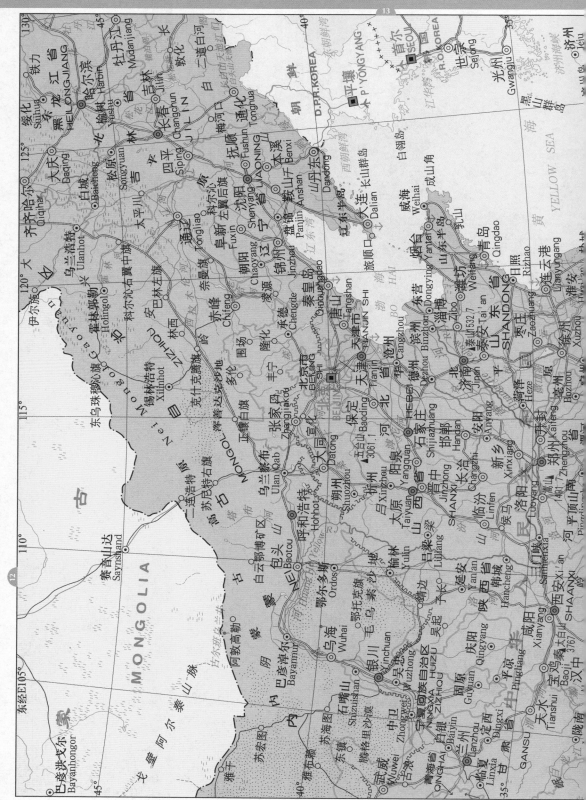

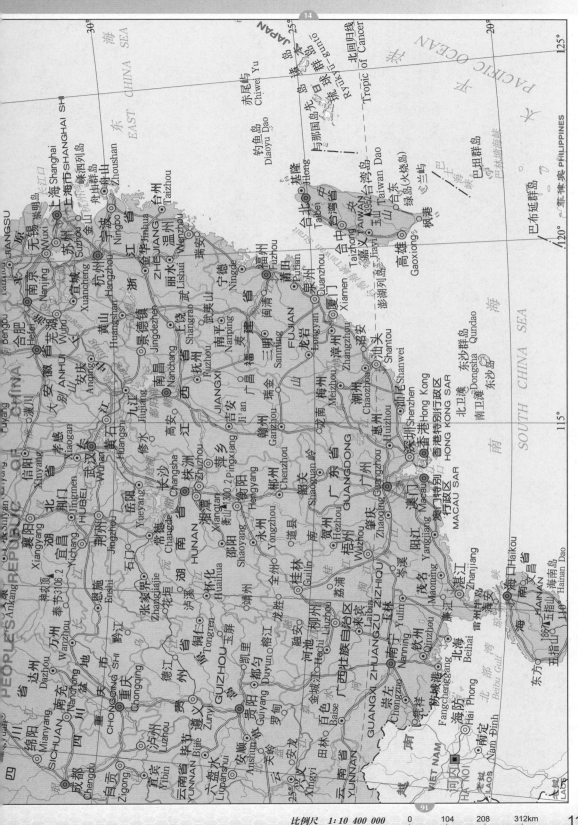

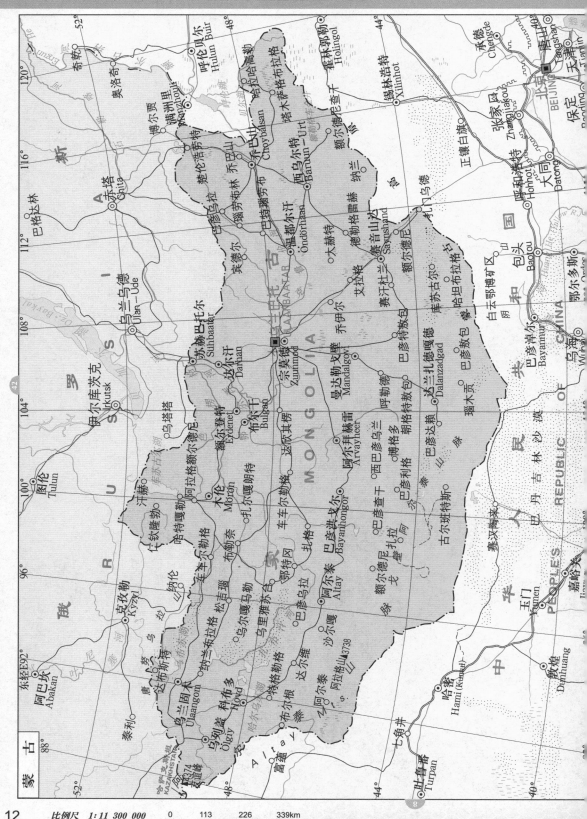

中 华 人 民 共 和 国
PEOPLE'S REPUBLIC OF CHINA

俄罗斯
RUSSIA

东经E122°

铁岭
Tieling

沈阳
Shenyang

清原

白山
Baishan

二道白河

穗城

阿吾地里

会宁

罗津
Najin

本溪
Benxi

鞍山
Anshan

通化
Tonghua

临江
长白山天池
(白头山天池)

将军峰
2749

新德

三池渊
白茂高原

清津
Ch'ŏngjin

渔大津

富田里
慈城

惠山
Hyesan

白岩洞

咸
镜
山
脉

凤城

三江里

嘉山

甲山

春兴里
高原

吉州
Kilchu

宽甸

汪界
Kanggye

新兴
盖马
高
原

洪君里

金策
Kimch'aek

云时

中兴

金亨权
(串北)

利原
Riwon

端川
Tanch'ŏn

丹东
Dandong

义州 Uiju
新义州 Sinŭiju

古丰
古仁

熙川
Hŭich'ŏn

解放(泗水)

北青
Pukch'ŏng

龟城 Kŭsong

泰川

咸兴
Hamhŭng

新浦 Sinp'o

朝

鲜

D.P.R.KOREA

定州
安州
Anju

身弥岛

德川 Tŏkch'ŏn

洪原 Hongwon

定坪 Chŏngp'yŏng

鸭绿江口
Yalujiang Kou

起凤里

平城
P'yŏngsong

顺川
Sunch'ŏn

永兴

高原

日

西 朝 鲜 湾
Sochoson－man

温泉

阳德

元山
Wŏnsan

东 朝 鲜 湾
Tongchoson－man

本平壤 P'YŎNGYANG

安边

洋岛

黄

松林
Songnim

甄川

高城

铁矿

南浦
Namp'

沙里院
Sariwon

平山

平康

金刚山
1638

巨津

東草
Sokcho

SEA

金寺里

长渊

海州
Haeju

开城
Kaesŏng

东豆川
Dongducheon

伊布里

梦金浦里

白翎岛

大机里

春川
Chuncheon

注文津

江华岛

江陵 Gangneung

东海 Donghae

郁陵岛
Ulleung-do

OF

大青岛

瓮津
Ongjin

汶山邑

议政府 Uijeongbu

郁陵(韩)

郁陵

小青岛

大延坪岛

仁川
Incheon

首尔
SEOUL

原州
Wonju

三陟 Samcheok

JAPAN

德积群岛

水原
Suwon

乌山
Osan

文谷里

龙化里

平泽
Pyeongtaek

堤川
Jecheon

竹边里

洪城
Hongseong

天安
Cheonan

荣州 Yeongju

格列飞列岛

安眠岛

世宗
Sejong

清州
Cheongju

安东 Andong

保宁

大田
Daejeon

龟尾
Gumi

浦项
Pohang

群山
Gunsan

论山

韩

R.O.KOREA

古群山群岛

益山
Iksan

全州
Jeonju

高灵

大邱
Daegu

庆州 Gyeongju

井邑
Jeongeup

南原
Namwon

陕川

清道

蔚山 Ulsan

灵光

昌原 Changwon

SEA

慈恩岛

务安
Muan

光州
Gwangju

顺天
Suncheon

泗川
Sacheon

镇海
Jinhae

釜山
Busan

木浦
Mokpo

宝城

丽水
Yeosu

南海岛

统营
Tongyeong

巨济岛

见岛

本州岛

海南
Haenam

珍岛

巽竹列岛

对马岛

朝
鲜
海
峡
(Choson－haehyop)

对
马
海
峡
Korea Str.
(Tsushima－kaikyo)

北九州
Kitakyushu

巨次群岛

所安群岛

上白岛

壹岐岛

JAPAN

小黑山岛

大黑山岛

黑山群岛

济 州 海 峡
Jeju Haehyop

济州岛

济州 Jeju

汉拿山
1950

宇久岛

福冈
Fukuoka

九州岛

124°   126°   128°   130°   132°

42°   40°   38°   36°   34°

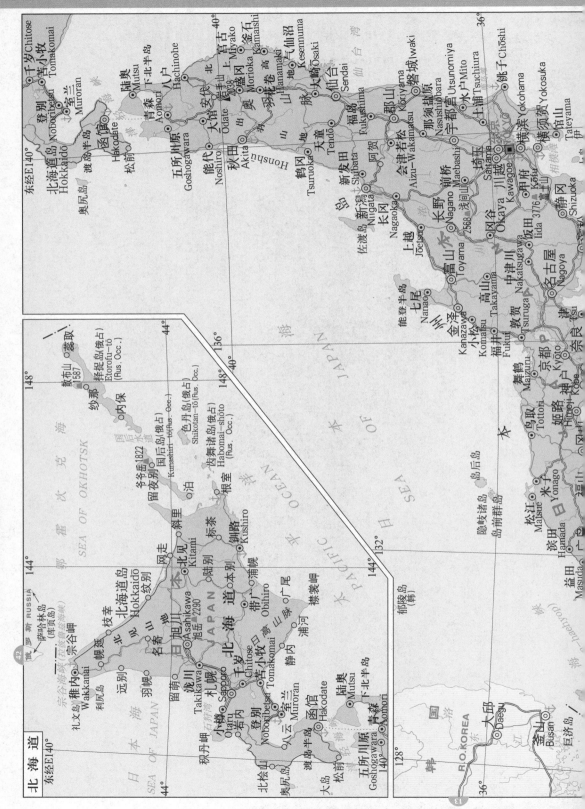

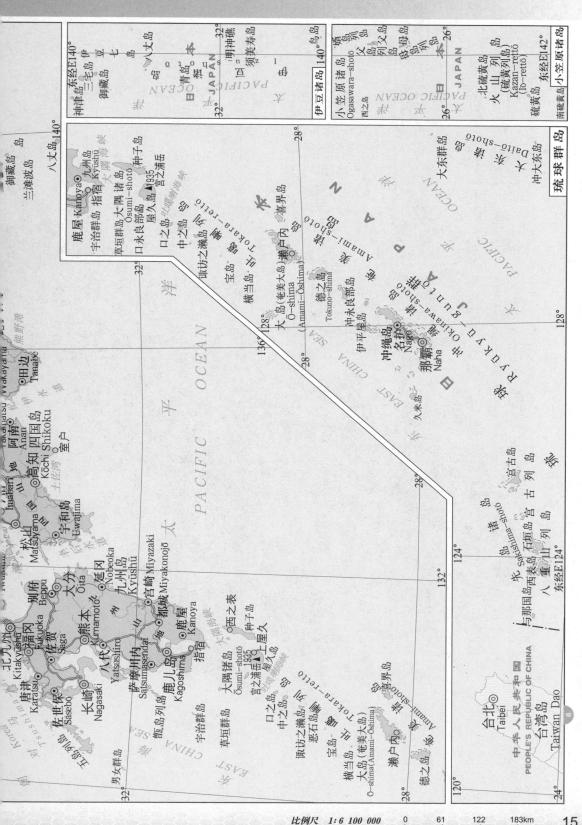

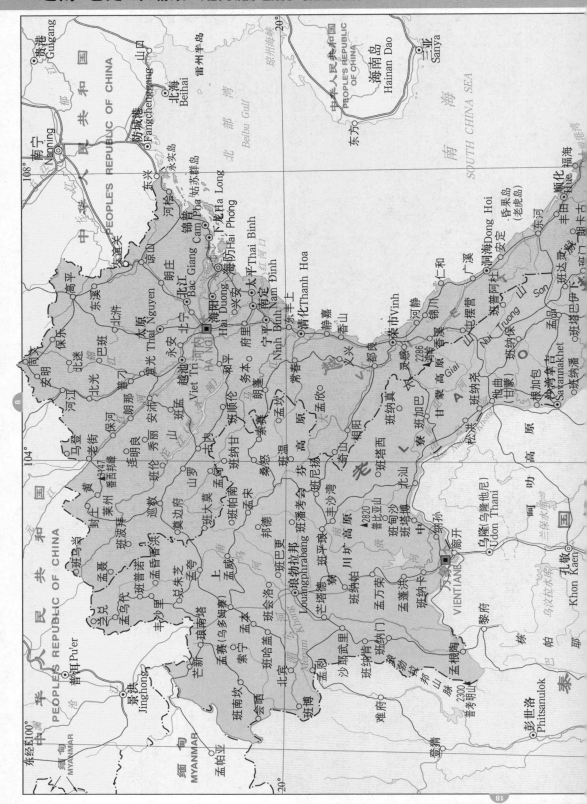

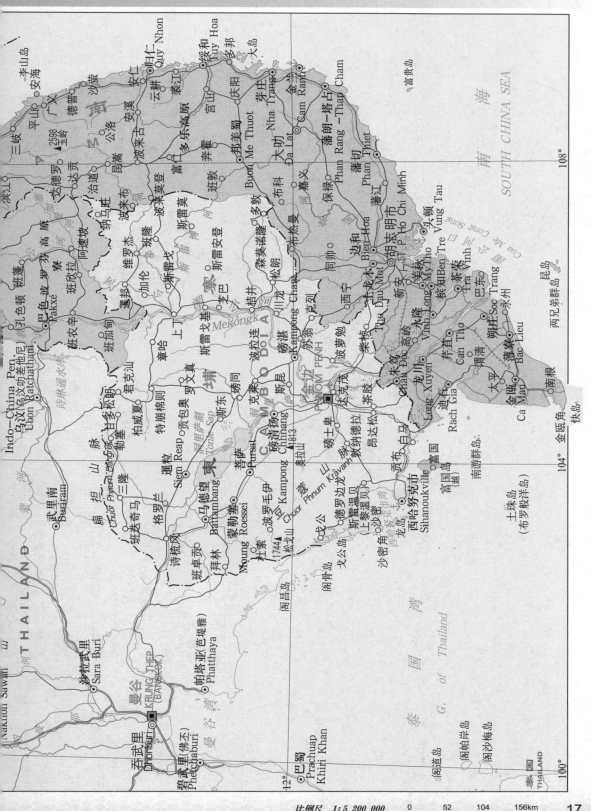

South China Sea 南海 SOUTH CHINA SEA

Quy Nhon 归仁
李山岛
平海
广义 德普 沙令
三岐口
南
平山 ▲2598 圣岭
公路 安溪
德宾 安海

Buon Me Thuot 邦美蜀
多乐高原 富庆
波来古 多乐
富安 来布 班东
昆嵩 达贡 富安登
治道 达来
先德罗芬
巴色波罗芬高原
塞 Pakxé 巴色
班欣拉
阿速坡
班加甸
维罗杰 班康
加仑 斯雷波克 查井
章哈 上丁
斯雷莱昂登
美荪高
多敦
斯特朗
芝巴

Mekong 湄公河
Mekôngk
波拉法
斯雷安登
克辣井
川龙
克列

Kampong Cham 磅湛
同帅
西宁
韦热莱
边和 Bien Hoa
胡志明市 Ho Chi Minh
头顿 Vung Tau

Nha Trang 芽庄
Cam Ranh 金兰
庆阳 宫山
大叻 Da Lat
潘朗-塔占 Phan Rang – Thap Cham
潘切
潘江 Phan Thiet
保禄

富贵岛

Indo-China Pen. 印度支那半岛
乌汶叻差吻差他尼
Ubon Ratchathani
孔色顿

CAMBODIA 柬埔寨

扁担山脉 Phanom Dong Rak
Chuor Phnum Dangrek

Siem Reap 暹粒
贡布奥
特朋棉河
吴哥
柏威夏
洞里萨湖
Tonle Sap

马德望 Battambang
Moung Roessei 蒙勒塞
格罗奇马
班隆松戈
诗梳风
班卓贡
拜林

Pursat 菩萨
磅清扬 Chhnang
813
磅同
斯东
克莱
斯昆
PHNOM PENH 金边
达克茂
磅士卑
茶胶
波罗勉
柴桢
木多

Chuor Phnum 豆蔻山
▲1744 松戈山
Kampong Som 磅逊
波罗毛伊
德罗边贡
斯雷温贝
上寮黎贡
龙波

戈公岛
西哈努克市
Sihanoukville
富国岛 Phu Quoc
(富国逊)

G. of Thailand 泰国湾
G. of Thailand

THAILAND 泰国

Sara Buri 沙拉武里
沙里里

KRUNG THEP (BANGKOK) 曼谷
Phatthaya 帕塔亚

Prachuap Khiri Khan 巴蜀
Phetchaburi 碧武里(佛丕)
吞武里 Dhonburi

Nakhon Sawan 那空沙旺

Buriram 武里南

12°
THAILAND 泰国

金瓯角
快岛
金瓯 Ca Mau
南根
大平
巴东 Bac Lieu
薄寮
芹苴 Can Tho
茶荣 Tra Vinh
槟知 Ben Tre
永隆 Vinh Long
美荻 My Tho
朔庄 Soc Trang
永州
两兄弟群岛
昆岛

南游群岛
土珠岛
(布罗毂洋岛)
阁帕岸岛
阁沙梅岛
阁道岛

比例尺 1:5 200 000   0   52   104   156km

17

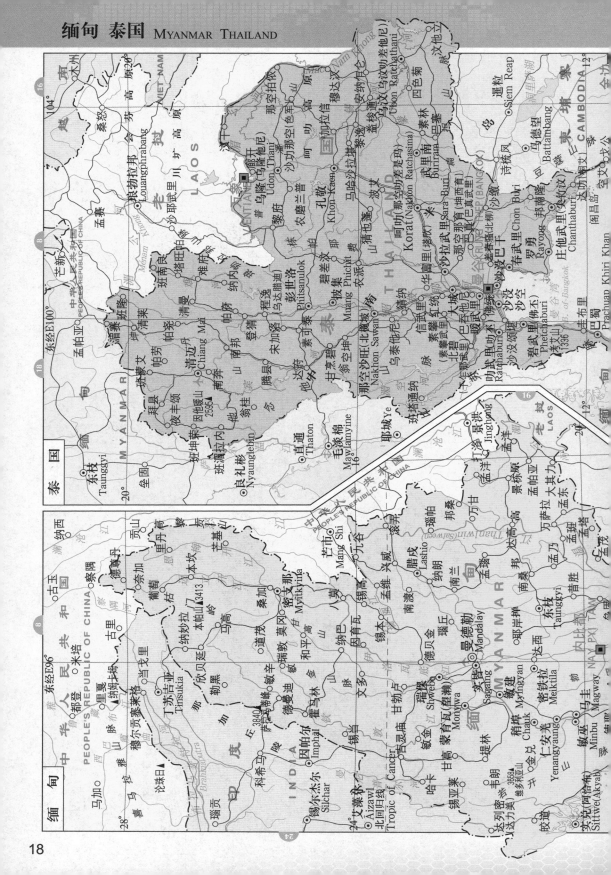

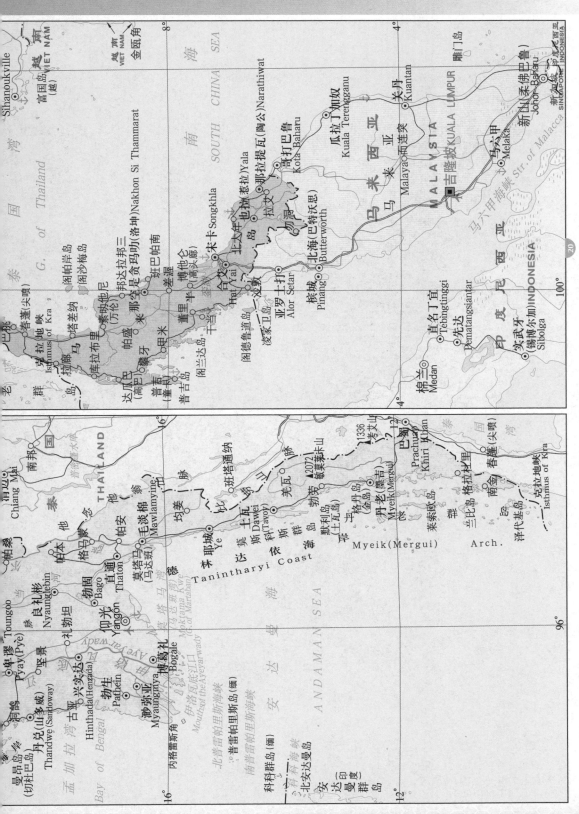

Sihanoukville
西哈努克维尔

越
南
VIET NAM

头 茶
VIET NAM
金瓯角 富国岛(越)

南
海

SOUTH CHINA SEA

泰
国
G. of Thailand

湾
G. of Thailand

那拉提瓦(陶公)Narathiwat
也拉惹拉Yala
北大年
岛
北大年
Pattani
拉戈
幼同(巴特沃思)

哥打丁加奴
Kuala Terengganu

关丹Kuantan

瓜拉丁加奴
Kuala Terengganu

哥打巴鲁
Kota Baharu

吉兰丹
关丹Kuantan

雕门岛

新加坡(佛巴鲁)
SINGAPORE
印度尼西亚
INDONESIA

Nakhon Si Thammarat
洛坤

宋卡Songkhla

马六甲海峡 Str. of Malacca

马来西亚
MALAYSIA

吉隆坡
KUALA LUMPUR

马六甲
Melaka

新山(柔佛巴鲁)
Johor Baharu
SINGAPORE

Isthmus of Kra
克拉地峡

巴蓬

拉廊

塔差纳

素叻他尼
(万伦)

那空是贪玛叻(洛坤)

班达拉邦三

班康南

姜遥

博他仑(高头廊)

合艾
Hat Yai

北大年
岛

幼同(巴特沃思)
Butterworth

北海(巴特沃思)
Butterworth

槟城(北海)
Pinang

Kota Baharu

INDONESIA

100°

达瓜巴
(高头)

普吉
Phuket

董里
Trang

阁兰达岛

亚罗士打
Alor Setar

北海(巴特沃思)
Butterworth

槟城
Pinang

凌家卫岛
(阁德浪)

真名丁宜
Tebingtinggi

先达
Pematangsiantar

实武牙
(锡博尔加)
Sibolga

印度尼西亚
INDONESIA

棉兰
Medan

4°

THAILAND

清迈
Chiang Mai

得乐
南邦

普密蓬水库

班塔通纳

▲2072

▲1336

考丈山

巴蜀
Prachuap

Khiri Khan

春蓬(尖喷)
湾

克拉地峡
Isthmus of Kra

帕桑

难

比劳

芜瓦

勃劳

土瓦
Dawei
(Tavoy)

敏塔森卡山

芒昂吉
Myeik(Mergui)

墨吉

丹老
(墨吉)

萝丝欧岛

兰比岛

莱索欧岛

择代基石

南
海

泰
国

帕安

格劳本

毛淡棉
Mawlamyine

毛淡棉
(安)

叶城
Ye

莫斯科斯群岛

科斯群岛

宇格丹岛
(金岛)

黻利岛
(土瓦岛)

莫塔马湾
(马达班湾)
G. of Martaban

莫塔马
(马达班)

Myeik(Mergui)   Arch.

达纳通纳

伊洛瓦底江口
Mouths of the Ayeyarwady

勃生
Pathein

勃固
Bago

直通
Thaton

莫塔马(马达班)
Moktama Kwe

莫塔马湾(马达班湾)
G. of Martaban

林 达 依 海 岸
Tanintharyi Coast

ANDAMAN SEA

东吁
Toungoo

良礼彬
Nyaungbin

仰光
Yangon

渺弥亚
Myaungmya

蒲甘礼
Bogale

礼勃固

卑谬
Pyay(Pye)

皇实达

兴实达
Hinthada(Henzada)

勃固
Bago

仰光
Yangon

安
达
曼
群
岛

ANDAMAN SEA

丹兑
(切杜巴)
Thandwe

曼昌岛巴
(切杜巴)

丹兑(山多威)
Thandwe (Sandoway)

洞鸽

孟加拉湾
Bay of Bengal

内格雷斯角

伊洛瓦底江口
Mouths of the Ayeyarwady

北普雷帕里斯海峡

普雷帕里斯岛(缅)

南普雷帕里斯海峡

科科群岛

北安达曼海峡

北安达曼岛

安
达
曼
群
岛
(印度)

12°

96°

马来西亚 文莱
1:97 400 000

印度尼西亚 东帝汶
1:17 000 000

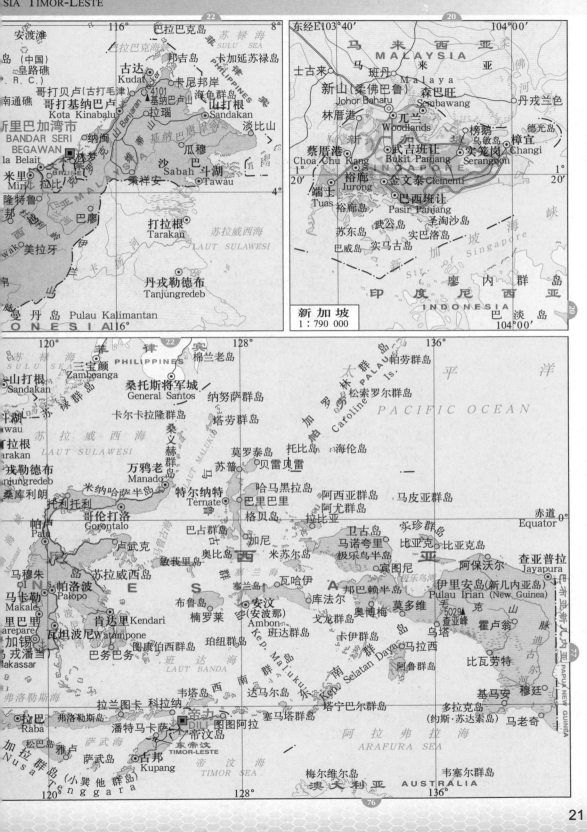

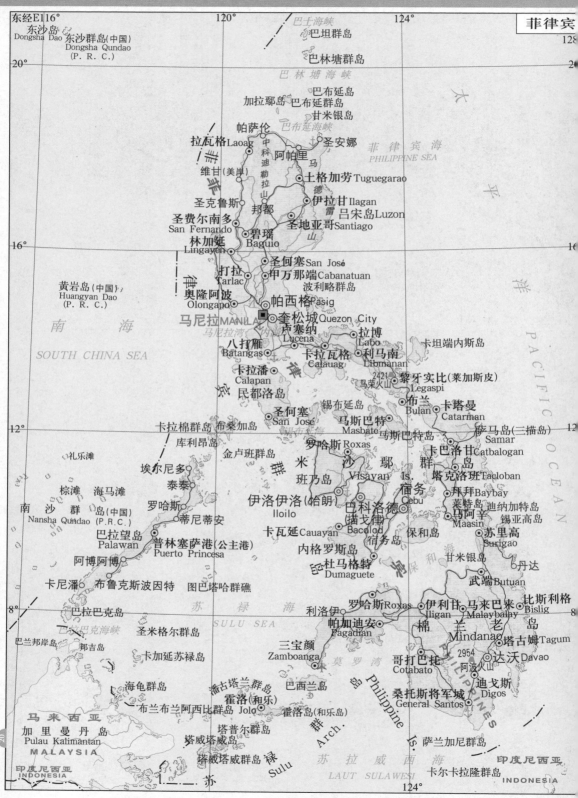

菲律宾

东经E116° 120° 124° 128°

东沙岛
Dongsha Dao
东沙群岛(中国)
Dongsha Qundao
(P. R. C.)

20°

巴士海峡

巴坦群岛

巴林塘群岛

巴林塘海峡

加拉鄂岛 巴布延岛
巴布延群岛
甘米银岛
巴布延海峡

帕萨伦

圣安娜

太

拉瓦格Laoag
维甘(美岸)
阿帕里

中科迪勒拉山

马

土格加劳Tuguegarao

平

菲律宾海
PHILIPPINE SEA

圣克鲁斯
邦都

德

伊拉甘Ilagan

圣费尔南多
San Fernando
碧瑶
Baguio

霄

圣地亚哥
Santiago

吕宋岛Luzon

山

林加延
Lingayen

洋

16°

圣何塞San José

打拉
Tarlac

律

甲万那端Cabanatuan

奥隆阿波
Olongapo

帕西格Pasig

波利略群岛

马尼拉MANILA

奎松城Quezon City

卢塞纳
Lucena

拉博Labo

卡坦端内斯岛

黄岩岛(中国)
Huangyan Dao
(P. R. C.)

南 海
SOUTH CHINA SEA

马尼拉湾

八打雁
Batangas

卡拉瓦格
Calauag
利马南
Libmanan

卡拉潘
Calapan

民都洛岛

圣何塞
San José

马荣火山
2421
黎牙实比(莱加斯皮)
Legaspi

布兰
Bulan

卡塔曼
Catarman

锡布延岛

马斯巴特
Masbate

马斯巴特岛

萨马岛(三描岛)
Samar

PACIFIC OCEAN

12°

卡拉棉群岛 布桑加岛

库利昂岛

金卢班群岛

罗哈斯Roxas

班乃岛

米

沙

鄠

群

卡巴洛甘Catbalogan

塔克洛班Tacloban

礼乐滩

埃尔尼多

泰泰

罗哈斯

蒂尼蒂安

伊洛伊洛(帕朗)
Iloilo

Visayan Is.

福务
Cebu

拜拜Baybay

棕滩 海马滩

南沙群岛(中国)
Nansha Qundao
(P.R.C.)

卡瓦延Cauayan

巴科洛德
Bacolod

薄戈律

迪纳加特岛

马阿辛
Maasin

锡亚高岛

苏里高
Surigao

巴拉望岛
Palawan

普林塞萨港(公主港)
Puerto Princesa

内格罗斯岛

宿务岛

保和岛

甘米银岛

丹达

阿博阿博

卡尼潘 布鲁克斯波因特 图巴塔哈群礁

杜马格特
Dumaguete

保和

武端Butuan

8°

巴拉巴克岛

圣米格尔群岛

巴拉巴克海峡

邦吉岛

巴兰邦岸岛

SULU SEA

苏 禄 海

利洛伊

罗哈斯Roxas

帕加迪安
Pagadian

伊利甘
Iligan

马来巴来
Malaybalay

比斯利格
Bislig

棉

兰

老

Mindanao

塔古姆Tagum

8°

卡加延苏禄岛

三宝颜
Zamboanga

莫罗湾

岛

2954
阿波火山

哥打巴托
Cotabato

达沃Davao

迪戈斯
Digos

马来西亚
加里曼丹岛
Pulau Kalimantan
MALAYSIA

印度尼西亚
INDONESIA

海龟群岛

潘古塔兰群岛

霍洛(和乐)
Jolo

巴西兰岛

布兰布兰阿西比群岛

霍洛岛(和乐岛)

塔普尔群岛

Philippine

Arch.

群

桑托斯将军城
General Santos

印度尼西亚

塔威塔威群岛

Sulu

萨兰加尼群岛

INDONESIA

禄

苏

塔威塔威群岛礁

海

苏拉威西海
LAUT SULAWESI

卡尔卡拉隆群岛

124°

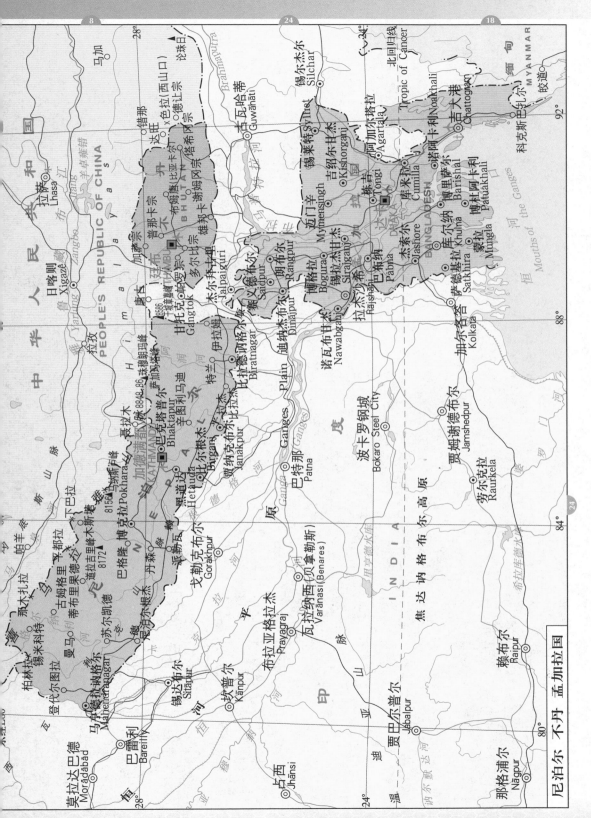

尼泊尔　不丹　孟加拉国

比例尺　1:7 260 000　　0　　72.6　　145.2　　217.8km

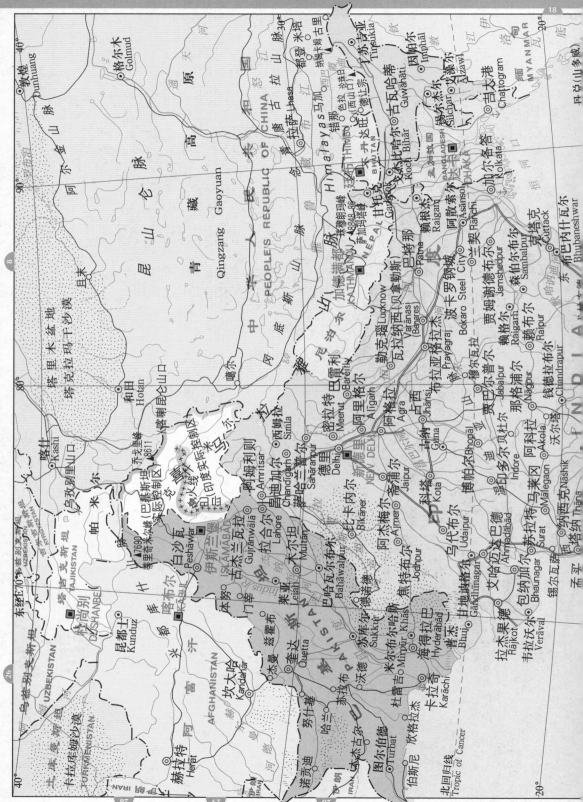

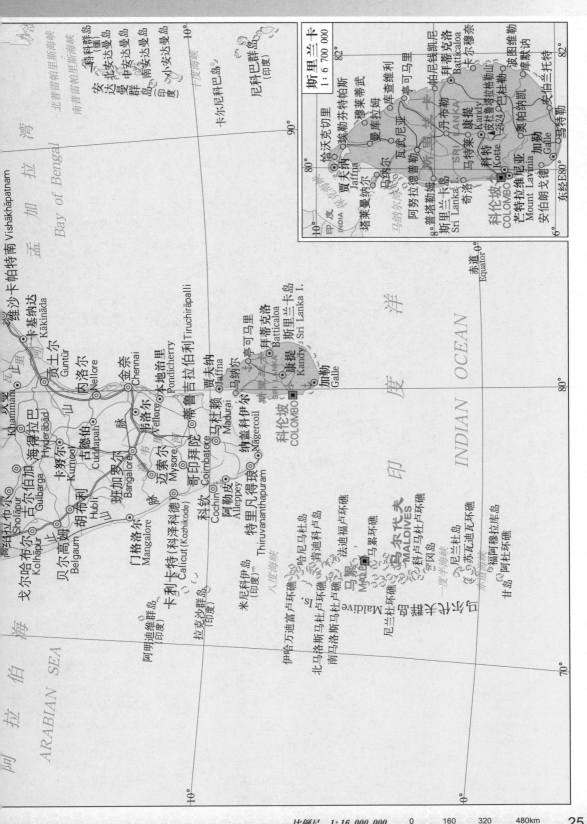

北普雷帕里斯海峡
南普雷帕里斯海峡

科科群岛
（缅甸）

安
达
曼
群
岛
北安达曼岛
中安达曼岛
南安达曼岛
（印度）小安达曼岛

10°

卡尔尼科巴岛

尼科巴群岛
（印度）

Bay of Bengal
孟
加
拉
湾

维沙卡帕特南 Vishākhapatnam

卡基纳达
Kākināda

贡土尔
Guntūr

内洛尔
Nellore

金奈
Chennai

本地治里
Pondicherry

韦洛尔
Vellore

蒂鲁吉拉伯利 Tiruchirāpalli

贾夫纳
Jaffna

马纳尔

北亭可马里

拜蒂克洛
Batticaloa

斯里兰卡岛 Kandy; Sri Lanka I.

康提
Kandy

加勒
Galle

科伦坡
COLOMBO

90°

80°

70°

10°

0°

ARABIAN SEA
阿
拉
伯
海

同科拉尔布尔
Sholāpur

戈尔哈达维尔

古尔伯拉加
Gulbarga

贝尔高姆
Belgaum

胡布利
Hubli

卡努尔
Kurnool

古德伯
Cuddapah

驳加罗尔
Bangalore

迈索尔
Mysore

哥印拜陀
Coimbatore

蒂鲁凡得琅
Thiruvananthapuram

纳盖科伊尔
Nāgercoil

科钦
Cochin

阿勒皮
Alleppey

卡利卡特(科泽科德)
Calicut (Kozhikode)

门格洛尔
Mangalore

马杜赖
Madurai

哈明迪维群岛
（印度）

拉克沙群岛
（印度）

米尼科伊岛
（印度）

INDIAN OCEAN
印
度
洋

80°

伊哈哈万迪富卢环礁 Is.

北马洛斯马杜卢环礁
南马洛斯马杜卢环礁

哈尼尼马杜
清迪迪环礁
法迪马卢岛

马累
Male'
马累环礁

马尔代夫
MALDIVES

马尔代夫群岛
Maldive Is.

尼兰杜卢环礁

科卢马杜卢环礁

尼兰卡杜岛

苏瓦迪瓦环礁

福阿穆拉库岛

甘岛 阿迪杜环礁

加迪瓦海峡

一度半海峡

八度海峡

70°

ARABIAN SEA

斯里兰卡
1:6 700 000

82°

哈沃克切里

埃勒勃苏特帕斯

贾夫纳
Jaffna

乌纳瓦
瓦武尼亚
曼库勒姆
阿努拉德普勒

帕尼线锡尼尔
波尔穆德

卡尔克克
Batticaloa

拜蒂克洛
Batticaloa

波图兰维勒

萨默纳

亭可马里

普塔勒姆

斯里兰卡 SRI LANKA

丹布勒

奥伯纳凯

帕杜纳凯

康提
Kandy

皮杜鲁塔格勒山▲
2524 巴杜勒

80°

马塔勒

梅加

加勒
Galle

内贡博
科特 Kotte
科伦坡 COLOMBO
芒特拉维尼亚 Mount Lavinia
安伯朗戈德

赤道 Equator 0°

东经E80°

印度
INDIA

斯里兰卡
Sri Lanka I.

马纳尔湾

8°

6°

10°

80°

82°

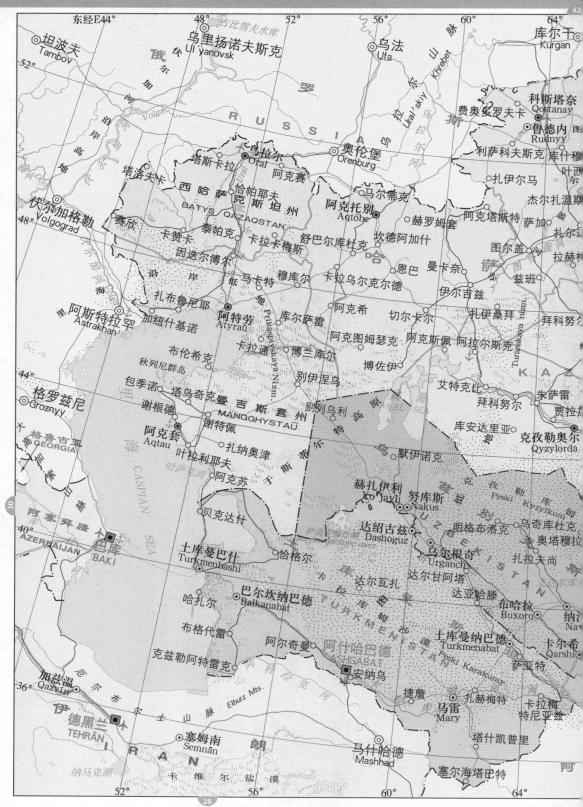

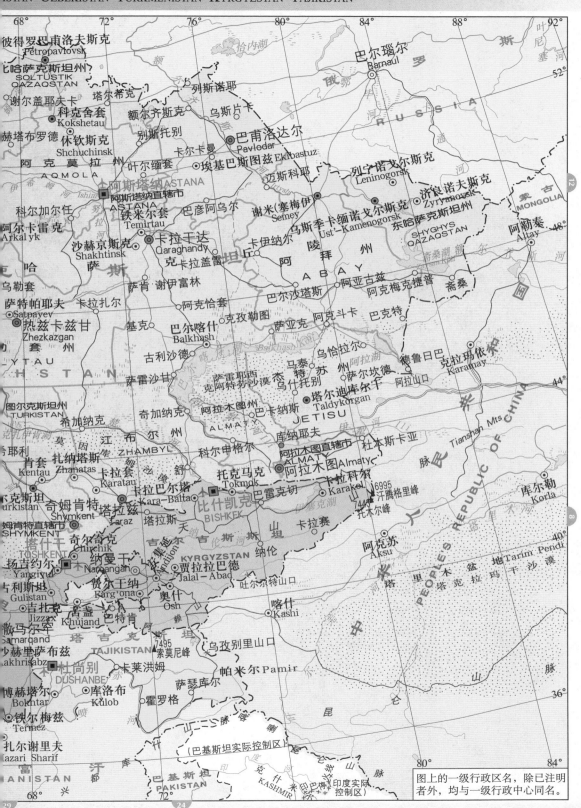

彼得罗巴甫洛夫斯克
Petropavlovsk

北哈萨克斯坦州
SOLTÜSTIK
QAZAQSTAN

谢尔盖耶夫卡

科克舍套
Kokshetau

塔尔希克

额尔齐斯克

列斯诺耶

别斯托别

乌斯片卡

赫塔布罗德

休钦斯克
Shchuchinsk

阿克莫拉州
AQMOLA

叶尔缅套

卡尔卡曼

巴甫洛达尔
Pavlodar

埃基巴斯图兹
Ekibastuz

迈斯科耶

列宁诺戈尔斯克
Leninogorsk

巴尔瑙尔
Barnaul

俄
RUSSIA

额

河

叶
尼
塞
河

科尔加尔任

阿斯塔纳 ASTANA
阿斯塔纳直辖市
ASTANA

Ishim

济良诺夫斯克
Zyryanovsk

阿勒泰
Altay

阿尔卡雷克
Arkalyk

铁米尔套
Temirtau

巴彦阿乌尔

谢米(塞梅伊)
Semey

乌斯季卡缅诺戈尔斯克
Ust'-Kamenogorsk

东哈萨克斯坦州
SHYGHYS
QAZAQSTAN

蒙古
MONGOLIA

哈

萨

沙赫京斯克
Shakhtinsk

卡拉干达
Qaraghandy

克卡拉盖雷

坦

丘

卡伊纳尔

陵

阿

拜

州

A B A Y

斋桑湖 额 河

河

国

乌勒套

萨肯 谢伊富林

阿克恰套

巴尔沙塔斯

阿亚古兹

阿克梅克捷普

斋桑

萨特帕耶夫
Satpayev

热兹卡兹甘
Zhezkazgan

基克

巴尔喀什
Balkhash

克孜勒图

萨亚克

阿克斗卡

巴克特

YTAU

州

古利沙德

巴尔喀什湖
Balkhash Ozero

马泰

苏 州

乌恰拉尔

德鲁日巴

克拉玛依
Karamay

STAN

萨雷耶西

克阿特劳沙漠

乌什托别

萨尔坎德

阿拉山口

图尔克斯坦州
TURKISTAN

希加纳克

萨雷沙甘

奇加纳克

阿拉木图州

巴卡纳斯

塔尔迪库尔干
Taldysu

塔尔迪库尔干
Taldykorgan

J E T I S U

伊

河

天山山脉
Tianshan Mts

中
PEOPLE'S

耶利

肯套
Kentau

扎纳塔斯
Zhanatas

ZHAMBYL

科尔申格尔

库纳耶夫

阿拉木图直辖市
阿拉木图 Almaty
ALMATY

杜本斯卡亚

华
REPUBLIC OF CHINA

克斯坦

奇姆肯特
Shymkent

卡拉套
Karatau

塔拉兹
Taraz

舒

卡拉巴尔塔
Kara-Balta

托克马克
Tokmok

巴雷克切

卡拉科尔
Karakel

6995
汗腾格里峰

库尔勒
Korla

姆肯特直辖市
SHYMKENT

塔什干
TOSHKENT

奇尔奇克
Chirchik

塔拉斯
Talas

比什凯克
BISHKEK

山

7744
托木尔峰

人

脉

扬吉约尔
Yangiyul

纳曼干
Namangan

吉萨尔

吉尔吉斯坦

纳伦

卡拉赛

阿克苏
Aksu

里

塔

与利斯坦
Gulistan

贾坎干

贾拉拉巴德
Jalal-Abad

KYRGYZSTAN

吐尔尕特山口

木

盆

地 Tarim Pendi

吉扎克
Jizzax

贺贾干
Xojakan

安集延

奥什
Osh

喀什
Kashi

拉

塔克拉玛干沙漠

散马尔罕
Samarqand

苦盏
Khujand

巴特肯

阿

乌孜别里山口

玛

索莫尼峰
7495

帕米尔 Pamir

干

少赫里萨布兹
Shakhrisabz

杜尚别
DUSHANBE

卡莱洪姆

萨瑟库尔

昆

博赫塔尔
Bokhtar

库洛布
Kulob

霍罗格

仑

山

脉

铁尔梅兹
Termez

(巴基斯坦实际控制区)

汗

库

河

巴基斯坦
PAKISTAN

克什米尔
KASHMIR

(印度实际控制区)

扎尔谢里夫
Mazari Sharif

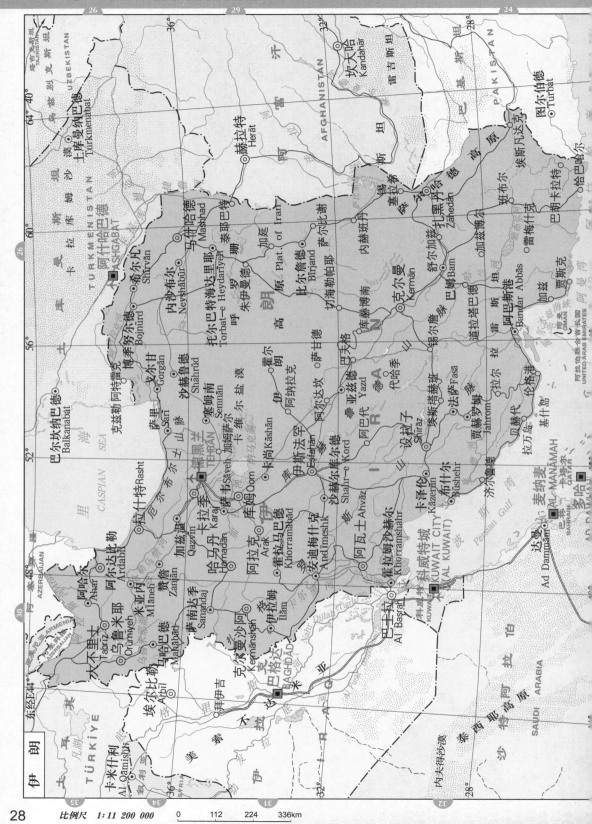

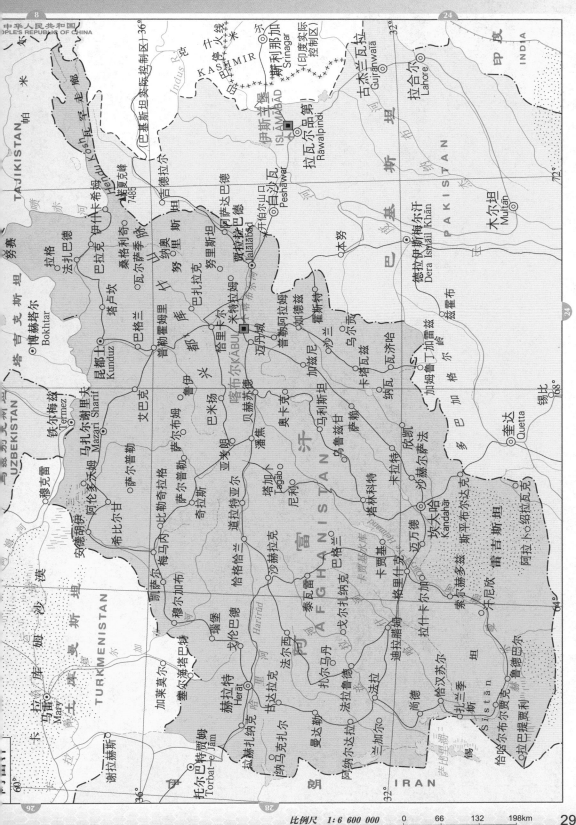

中华人民共和国
PEOPLE'S REPUBLIC OF CHINA

塔吉克斯坦
TAJIKISTAN

帕米尔

36°

千火线

KASMIR 克什米尔

斯利那加 Srinagar
（印度实际控制区）

古杰兰瓦拉
Gujrānwala

32°

拉合尔
Lahore

印度
INDIA

努赛
苏维
尔

博赫塔尔
Bokhtar

拉格
法扎巴德

伊什卡希姆

诺沙克峰
7485

桑格利奇

瓦尔萨季
努里斯坦

告德拉尔

纳奥
努里斯坦

阿萨达巴德

贾拉拉巴德
Jalālābād

巴扎拉克

米
尔

伊斯兰堡
ISLĀMĀBĀD

拉瓦尔品第
Rawalpindi

斯
坦

72°

铁尔梅兹
Termez

乌兹别克斯坦
UZBEKISTAN

昆都士
Kunduz

普勒霍姆里

巴格兰

库
都

喀布尔城

米特拉姆

白沙瓦
Peshāwar

开伯尔山口瓦

本努

巴
基

德拉伊斯梅尔汗
Dera Ismāil Khan

穆克雷

安德胡伊

阿伦多卞瓦姆

马扎里谢里夫
Mazāri Sharif

萨尔普勒

艾巴克

鲁伊克

巴米扬

贝赫苏德

普勒阿拉姆

如德兹

霍斯特

沙兰

乌尔兹

瓦济里

加姆鲁丁加雷兹

兹霍布

锡比
68°

穆克拉

希比尔甘

梅马内

比勒奇拉格

萨尔克

巴米扬

贝赫苏德

加兹尼

卡塔瓦兹

纳瓦

阿
富

卡拉特
Mary
马雷

奇拉斯

道拉特亚尔

亚考朗

塔加卜

尼利

潘贾焦

奥卡尔

马利斯坦

鲁兹甘

萨勒

萨林科特

沙赫尔萨法

欣凯

奎达
Quetta

土库曼斯坦
TURKMENISTAN

加莱莫尔

塞尔海塔巴特

戈伦多格

恰格查兰

沙赫拉克

巴格兰

卡贾基水库

马利什杰

卡里什

坎大哈
Kandahār

牧万德

斯
坦

阿
富
汗
AFGHANISTAN

斯尔潘多兹

斯平布尔达克

雷吉欣
雷吉斯坦

阿拉卡

绍拉瓦克

64°

凯萨尔

穆尔加布

穆萨加拉

瑙堡

戈伦巴德

扎兰季

法拉

沙赫拉赫

戈尔扎纳克

法拉鲁德

戈尔马丹

扎马丹

法拉

拉什卡尔加

格里什克

迪拉腊姆

哈汉苏尔

扎兰季
Sīstān
锡斯坦

赫拉特
Herāt

曼达勒

60°

谢拉赫斯

托尔巴特贾姆
Torbat-e Jām

纳马克扎尔

阿纳尔达拉

兰加尔

尚德

扎巴尔三季
斯

萨比里湖

恰哈尔布尔贾克

拉巴德贾尔

伊朗
IRAN

26
28

比例尺 1:6 600 000

0   66   132   198km

29

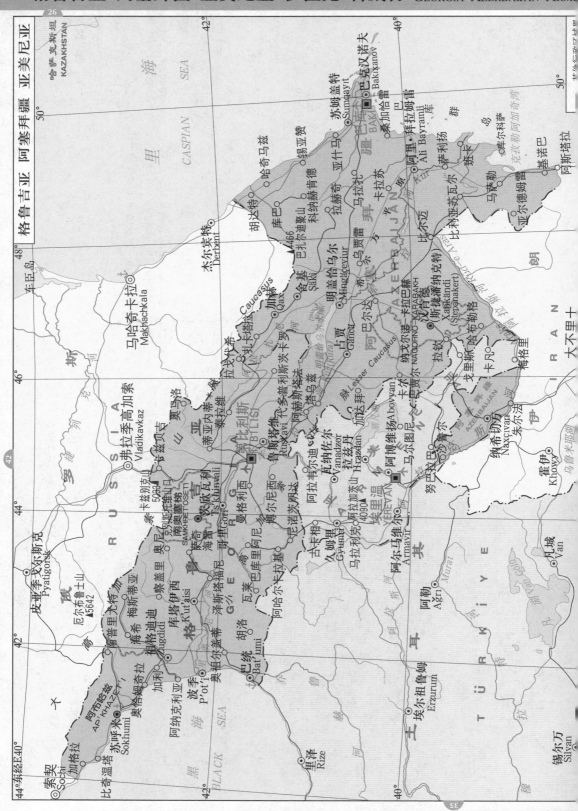

比例尺 1:4 400 000　　0　　44　　88　　132km

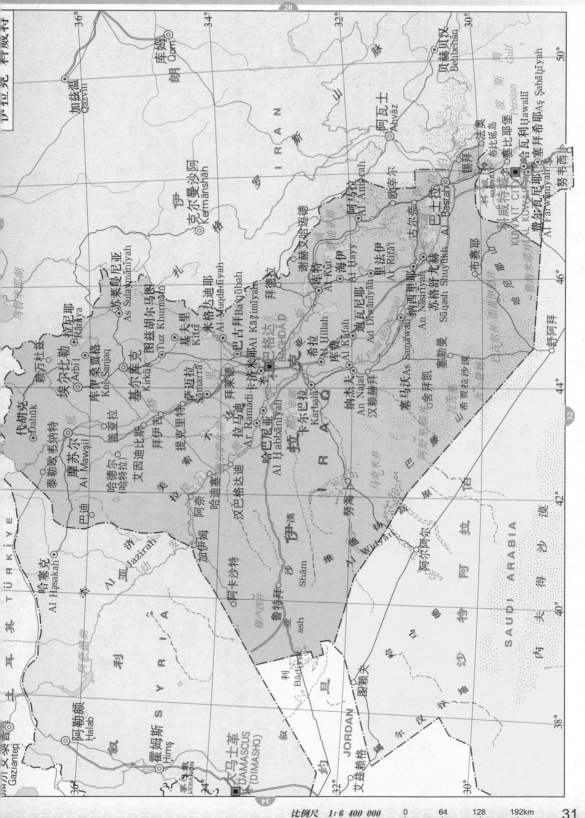

库姆 Qom

加兹温 Qazvīn

36° 34° 32° 30°

贝赫贝汉 Behbehān

波斯湾 Gulf

阿瓦士 Ahvāz

塞比耶堡 Aş Şabāʼīyah

哈比延岛

50°

伊 朗

法奥

布比延岛

克尔曼沙阿 Kermānshāh

拜代拉

哈瓦利 Ḩawallī

塞拜希耶 Aş Şabāʼīyah

努韦西

I R A N

阿马拉 Al ʻAmārah

锡巴 伯

科威特城 KUWAIT CITY
KUWAIT (AL KUWAIT)

苏莱曼尼亚 As Sulaymānīyah

拉尼亚 Rānīya

图兹胡尔马图 Tuz Khurmātū

基尔库克 Kirkūk

基夫里 Kifrī

米格达迪耶 Al Muqdādīyah

阿马拉 Al Kūt

库伊 Al Kūt

欧祖拜尔

巴士拉 Al Başrah

古尔奈

杜瓦尼耶 Ad Dīwānīyah

埃尔比勒 Arbīl

库尔奈景格 Koï Sanjaq

库尔库克 Kirkūk

萨迈拉 Sāmarrā

巴古拜 Baʻqūbah

巴格达 BAGHDĀD

希拉 Al Ḩillah

卡兹米耶 Al Kāẓimīyah

库费 Al Kūfah

谢赫萨阿德

海伊 Al Ḩayy

里法 Ar Rifāʻ

达瓦尼耶

法尔瓦尼耶 Al Farwānīyah

鲁迈拉油井

达胡克 Dahūk

摩苏尔 Al Mawşil

凯莱凯 Kalak

盖亚拉

拜伊吉 Baiji

提克里特

拉马迪 Ar Ramādī

卡尔巴拉 Karbalāʼ

哈巴尼亚 Al Ḩabbānīyah

纳杰夫 An Najaf

塞马沃 As Samāwah

纳西里耶 An Nāşirīyah

苏格舒尤赫 Sūq ash Shuyūkh

舒阿拜

伊 拉 克 I R A Q

哈塞克 Al Ḩasakah

巴迪 Badī

亚 Al Jazīrah

加伊姆 Al Qāʼim

阿奈 ʻānah

哈迪萨 Ḩadīthah

汉巴格达迪

汉赛赫 舍拜凯

马奇米井

阿蒲单里耶 伯

巴希尔沙井

哈塞克

T Ü R K İ Y E 土 耳 其

哈塞克 Al Ḩasakah

S Y R I A 叙 利 亚

利 Badīyat

伊 沙 漠 ash Shām

鲁特拜 ash

阿兹拉克 Al Widyān

阿尔阿尔 ʻAr ʻAr

舒阿拜

S A U D I A R A B I A

沙 漠

内 夫 得 沙 漠

阿 拉 伯 沙 漠

加塞尔 景 目 Gaziantep

哈勒颇 Halab

阿勒颇

叙利亚

霍姆斯 Ḩimş

大马士革 DAMASCUS (DIMASHQ)

黎巴嫩 LEBANON

J O R D A N 约 旦

鲁赖夫 图赖夫

艾兹赖格

36° 34° 32°

30°

48° 46° 44° 42° 40° 38°

比例尺 1:6 400 000   0   64   128   192km

31

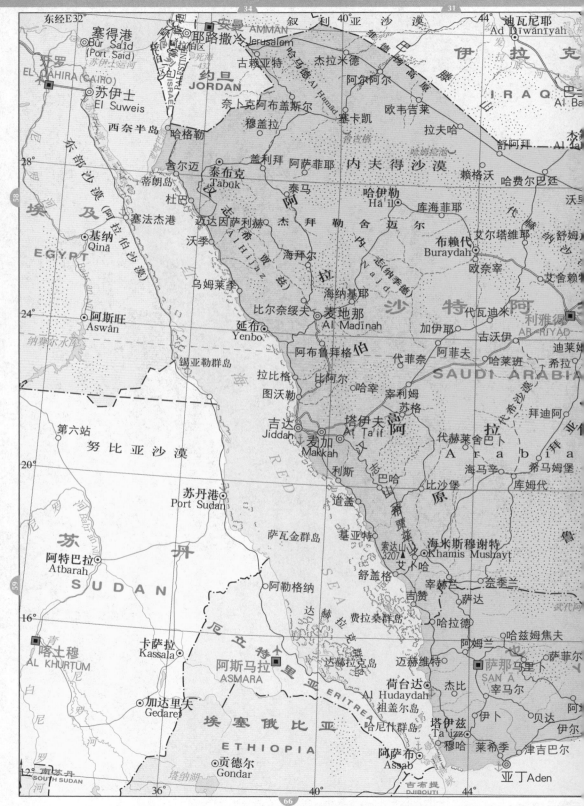

阿瓦士
Ahvāz

扎格罗斯山脉

亚兹德
Yazd

克尔曼
Kermān

伊 朗

阿富汗
AFGHANISTAN

巴基斯坦

科威特城
KUWAIT CITY
(AL .KUWAIT)

设拉子
Shīrāz

扎黑丹
Zāhedān

I R A N

巴 基 斯 坦

来什阿卜角

阿巴斯港
Bandar 'Abbās

PAKISTAN

穆莱杰

达曼
Al Dammām

贝赫代

图尔博德
Turbat

宰赫兰
Az Zahrān

麦纳麦 AL MANAMAH

沙迦
Sharjah

阿曼
OMAN

欧云巴林
Uyun

卡塔尔

杜汉
Dukhān

卡塔尔半岛

多哈 AD DAWHAH

迪拜
Dubai

富查伊拉

希纳斯

苏哈尔
Suhār

马特拉
Matrah

北回归线

拜赖兹

塞勒瓦

乌姆赛义德
Umm Sa'id

阿布扎比
ABU DHABI

布赖米

鲁斯塔格
Ar Rustaq

马斯喀特
MASQAT

Tropic of Cancer

哈拉兹

吉尔万

锡莱

3352

苏迈勒

苏尔
Sūr

代赫纳沙漠

杰拜勒代卜

阿拉代

利瓦绿洲

伊卜里

姆山

奈兹瓦
Nazwá

伊卜拉

瓦菲

穆豪尼亚

萨纳乌

阿拉伯

半 岛

沙 漠

利

基丹

谢拜沙漠

胡韦塞

拜尔宰曼

盖拜

盖莱特

乌西拉岛

里马勒沙漠

迈赫朱尔

马西拉湾

ARABIAN SEA

哈

米亚特

盖莱迈特—阿布舍夫拉

海马

杜格姆

乌西拉湾

希巴克沙漠

Ar Rub'al Khāli

穆格欣

杰勒穆德

阿

阿曼

艾米勒海特沙漠

道凯

迈阿穆勒

阿迈勒

索基拉湾

索基拉

60°

塞纳乌

希汉

塞迈里特

塞德赫

库里亚穆里亚群岛

库里亚穆里亚湾

16°

伯

迈尔艾特

赖赫尤特

塞拉莱

拉

海

希巴姆

古赛伊尔

舍尔哈特

费尔泰克角

马西拉

盖达

盖迈尔湾

穆卡拉
Al Mukalla

EN
阿卜拉拜德

丁

Gulf of Aden

阿卜杜勒库里岛

萨姆哈岛

古拜

索科特拉岛（也门）
Suqutra (Yemen)

海夫井

阿

巴林 卡塔尔

宰赫兰 Az Zahrān

东经E52°

麦纳麦
AL MANAMAH

穆哈拉格 Al Muharraq

锡特拉

巴林
BAHRAIN

鲁韦斯

卡塔尔

宰基拉

海瓦尔群岛

杜汉
Dukhān

杰迈利耶

QATAR

沙特阿拉伯
SAUDI ARABIA

卡塔尔半岛

基拉奈
Al Kir'anah

乌姆赛义德
Umm Sa'id

塞勒瓦

贾富拉沙漠

巴林 卡塔尔
1 : 4 480 000

26°

多哈
AD DAWHAH

Persian G.

32

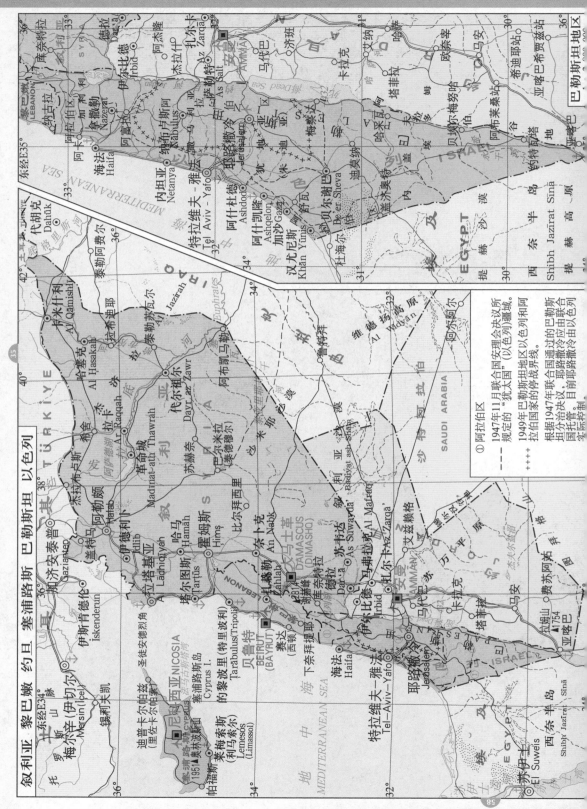

比例尺 1:6 100 000

0　　61　　122　　183km

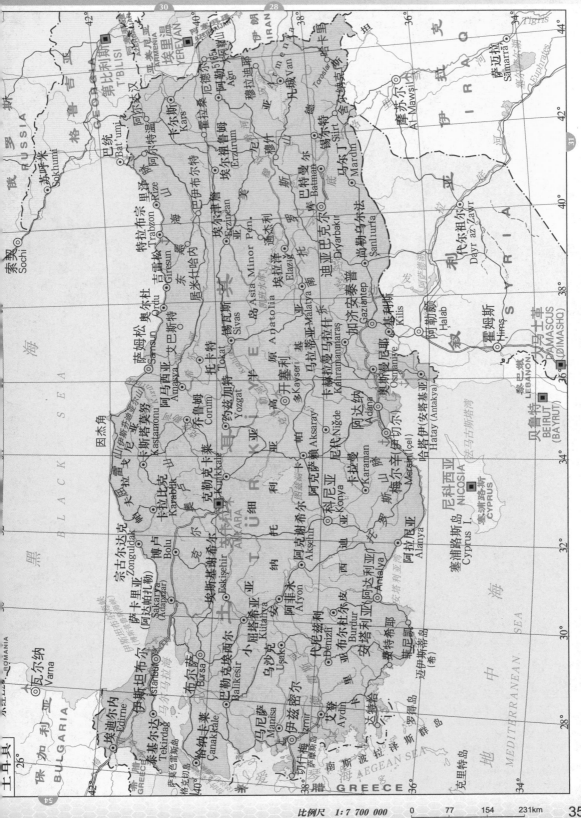

北 美 洲 NORTH AMERICA
北极圈 Arctic Circle
丹麦海峡
格 陵 兰 岛
GREENLAND SEA
扬马延岛(挪)
GREENLAND SEA

雷克雅未克 Reykjavik
冰 岛 ICELAND
阿克雷里

挪 威 海 NORWEGIAN SEA

ATLANTIC OCEAN
大 西 洋

纳尔维克
博德

法罗群岛(丹) FAROE IS.(Den)
设得兰群岛 Shetland Is.
特隆赫姆
卑尔根
奥斯陆 Oslo
耶夫勒

外赫布里底群岛
瑟索
奥克尼群岛
斯塔万格
哥德堡
斯德哥尔摩 Stockho
哥得

内赫布里底群岛
大 不 列 颠 岛 Great Britain I.

北 海 NORTH SEA
希茨海尔斯
马尔默
厄兰岛

伦敦德里
格拉斯哥
United Kingdom

丹 麦 DENMARK
哥本哈根 København
萨斯尼茨

爱尔兰岛 Ireland I.
都柏林 Dublin IRELAND
科克

弗里西亚群岛
汉堡
柏林 Berlin
什切青
波兰

英 国 UNITED KINGDOM

荷 兰 NETHERLANDS
德 国 GERMANY
波

米尔福德港
伦敦 London
阿姆斯特丹 Amsterdam
比利时 BELGIUM
布鲁塞尔 Bruxelles
纽伦堡

布拉格 Praha
捷克 CZECH REPUBLIC

锡利群岛
英吉利海峡
多佛尔海峡
卢森堡 LUXEMBOURG
布拉迪斯拉发 Bratislava

海峡群岛(英)
布雷斯特
勒阿弗尔
巴黎 Paris

维也纳 Wien
奥地利 AUSTRIA
布达佩斯 Budapest

比 斯 开 湾 Bay of Biscay
南特
法 国 FRANCE
伯尔尼 Bern
瑞士 SWITZERLAND

① 卢布尔雅那 Ljubljana
萨格勒布 Zagreb
博洛尼亚

波尔多
图卢兹
安道尔 ANDORRA
摩纳哥 MONACO
马赛
热那亚
圣马力诺 SAN MARINO
萨拉热窝 Sarajevo

拉科鲁尼亚
毕尔巴鄂
比利牛斯山 Pyrénées

西 班 牙 SPAIN
葡萄牙 PORTUGAL
巴塞罗那
科西嘉岛(法) Corse (Fr.)
梵蒂冈 VATICAN CITY
意大利 ITALY
罗马 Roma

里斯本 Lisboa
马德里 Madrid
巴伦西亚
撒丁岛(意) I. di Sardegna

伊 比 利 亚 半 岛 Iberian Pen.
巴利阿里群岛

加的斯
直布罗陀(英占) GIBRALTAR (U.K. OCC.)
卡利亚里

潘泰莱里亚岛(意)
西西里岛
马耳他 MALTA
瓦莱塔 Valletta

非 洲 AFRICA

①列支敦士登 Liechtenstein
②斯洛文尼亚 Slovenia
③克罗地亚 Croatia
④波斯尼亚和黑塞哥维那
　Bosnia and Herzegovina
⑤黑山 Montenegro
⑥北马其顿 North Macedonia

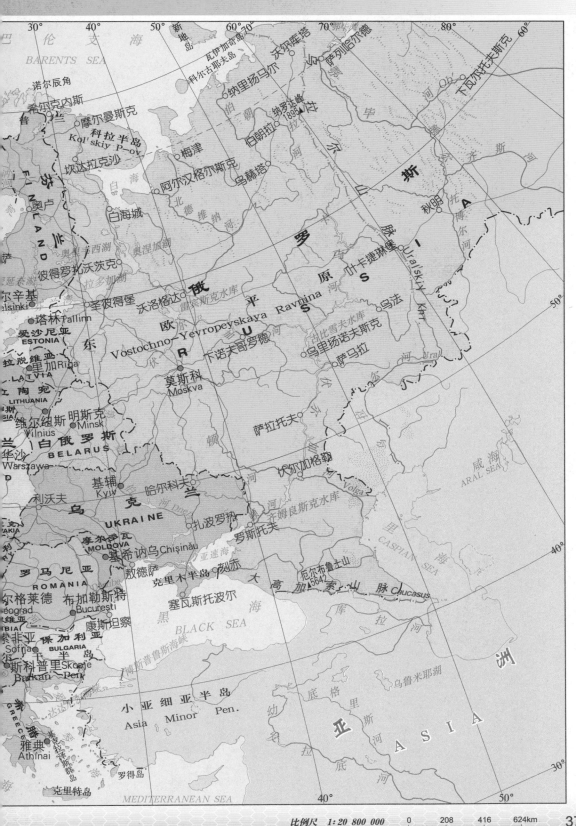

巴伦支海
BARENTS SEA

诺尔辰角
希尔克内斯
摩尔曼斯克
Kol'skiy P-ov.
科拉半岛
坎达拉克沙

30° 伦 支 海 40° 50° 新 地 岛 60° 70°
科尔古耶夫岛 瓦伊加奇岛 沃尔库塔 萨列哈尔德
纳里扬马尔 下瓦尔托夫斯克 60°
伯 朋 纳罗达峰 拉 俄
白朗拉 1895

FINLAND
奥卢
奥涅罗托沃茨克
延春瑟
拉多加湖
彼得罗扎沃茨克
圣彼得堡
赫尔辛基
Helsinki
塔林 Tallinn
爱沙尼亚
ESTONIA
拉脱维亚
里加 Riga
LATVIA
立陶宛
LITHUANIA
维尔纽斯
Vilnius
明斯克
Minsk
白俄罗斯
BELARUS
华沙
Warszawa
利沃夫
乌
乌克兰
UKRAINE
摩尔多瓦
MOLDOVA
基希讷乌 Chişinău
敖德萨
克里木半岛
塞瓦斯托波尔
BLACK SEA
黑 海
博斯普鲁斯海峡
德

梅津
白 海
阿尔汉格尔斯克
乌赫塔
北 德 维 纳 河

白海城

沃洛格达
雷宾斯克水库
欧
Vostochno-Yevropeyskaya Ravnina
东
下诺夫哥罗德
莫斯科
Moskva
顿
萨拉托夫
伏尔加格勒
Volga
齐姆良斯克水库
扎波罗热
罗斯托夫
亚速海
大 高 加 索 山 脉 Chucasus
厄尔布鲁士山
5642

俄
罗 斯 平 原
叶卡捷琳堡
乌法
古比雪夫水库
乌里扬诺夫斯克
萨马拉
Ural
乌拉尔 河

秋明 托博
尔 河
Uralskiy Khr.
俄 罗 斯
S

50°

咸海
ARAL SEA
里
海
CASPIAN SEA

40°

R
U
S
S

奥
毕
河
Ob

欧
R

80° 下瓦尔托夫斯克 60°
鄂
毕
河
齐
斯 河

A

库
拉
河

乌鲁米耶湖

底 格
里 斯
河
幼
发
拉
底
河

小 亚 细 亚 半 岛
Asia Minor Pen.

斯
亚 洲
ASIA

30°

克里特岛
MEDITERRANEAN SEA

罗得岛

希腊
GREECE
雅典
Athinai

塞萨洛尼基
斯科普里 Skopje
Balkan Pen.
保加利亚 BULGARIA
索非亚 Sofia
BIA
维
尔格莱德 布加勒斯特 Bucureşti
eograd
罗马尼亚 ROMANIA
康斯坦察

40° 50°

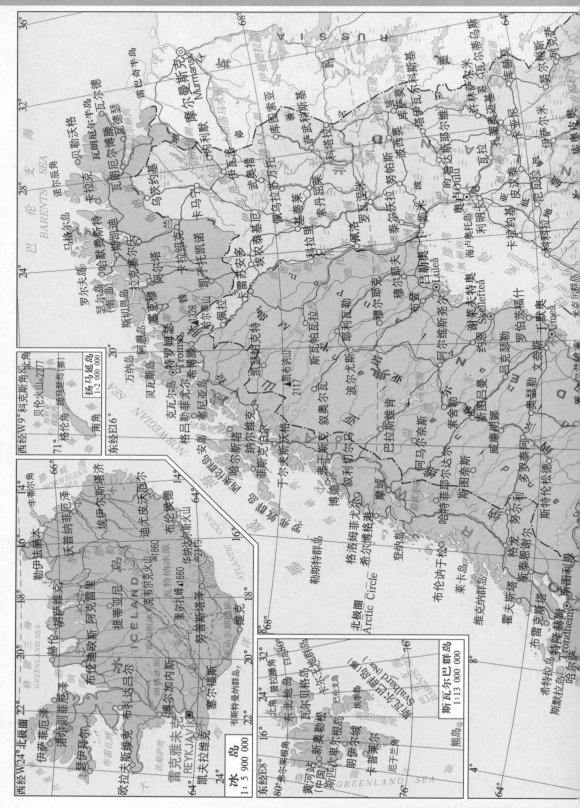

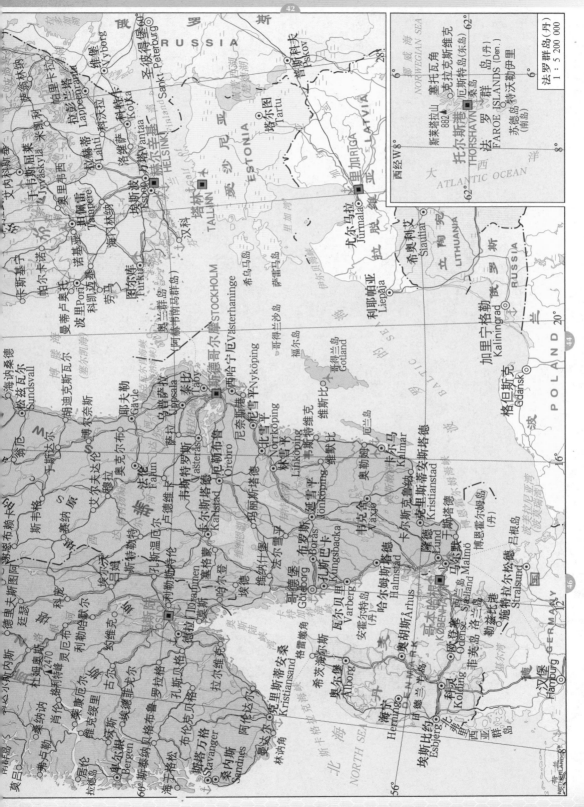

法罗群岛（丹）
1 : 5 200 000

挪威海
NORWEGIAN SEA
塞托瓦角
斯塔特山 克拉克斯维克
882 厄斯特岛（东岛） 62°
托尔斯港 桑岛
THORSHAVN 法 罗 群
FAROE ISLANDS (Den.)
西经 W 8° 苏德岛（南岛）
大
西
洋
ATLANTIC OCEAN
62° 8°

比例尺 1 : 6 600 000   0   66   132   198km

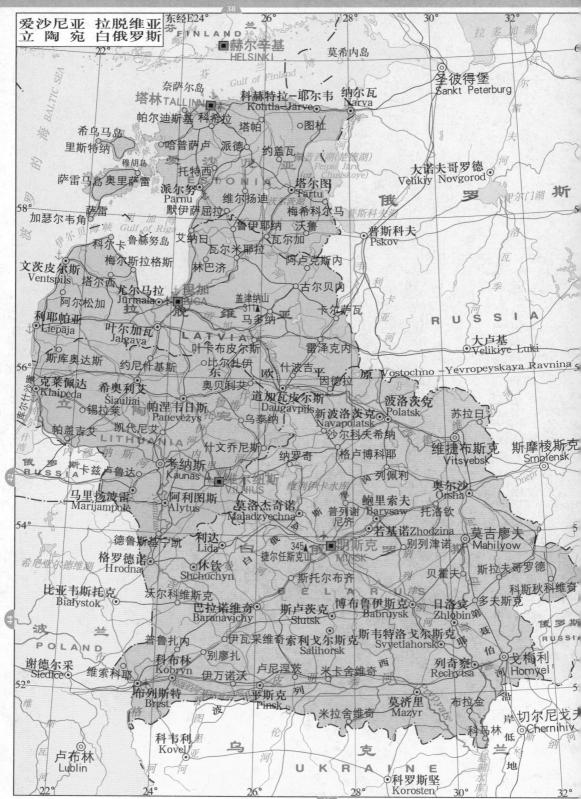

比例尺 1:5 000 000

0   50   100   150km

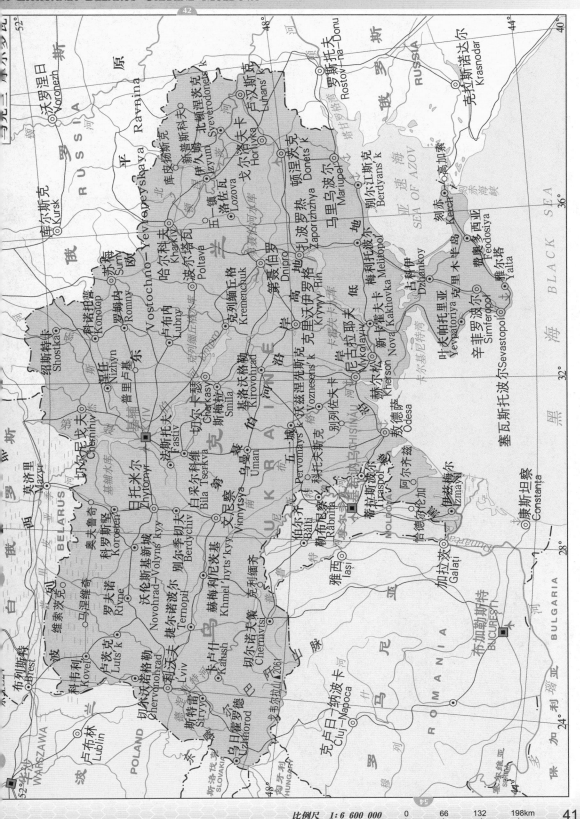

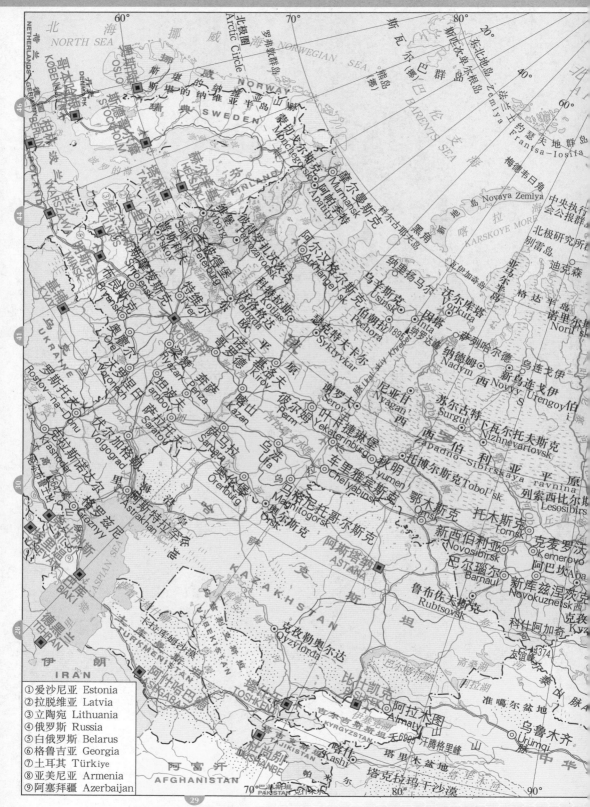

北海
NORTH SEA

挪威
NORWAY

北极圈
Arctic Circle

北海
NORWEGIAN SEA

斯瓦尔巴
东北地岛

斯匹次卑尔根岛
(挪)

熊岛 (挪)

法兰士约瑟夫地群岛
Frantsa-Iosifa

巴伦支海
BARENTS SEA

哥本哈根
KØBENHAVN

丹麦
DENMARK

奥斯陆
OSLO

斯德哥尔摩
STOCKHOLM

瑞典
SWEDEN

芬兰
FINLAND

莫尔曼斯克
Murmansk

阿帕季季
Apatity

蒙切戈尔斯克
Monchegorsk

白海

诺瓦亚泽姆利亚
Novaya Zemlya

喀拉海
KARSKOYE MORE

中央执行会公报岛

北极研究所岛

别雷岛

迪克森
Dikson

华沙
WARSZAWA

柏林
BERLIN

明斯克
MINSK

维尔纽斯
VILNIUS

里加
RIGA

塔林
TALLINN

赫尔辛基
HELSINKI

维堡
Vyborg

圣彼得堡
Sankt-Peterburg

彼得罗扎沃茨克
Petrozavodsk

阿尔汉格尔斯克
Arkhangel'sk

乌辛斯克
Usinsk

纳里扬马尔

沃尔库塔
Vorkuta

因塔
Inta

沃济河

格达半岛

诺里尔斯克
Noril'sk

乌连戈伊
Urengoy

①爱沙尼亚 Estonia
②拉脱维亚 Latvia
③立陶宛 Lithuania
④俄罗斯 Russia
⑤白俄罗斯 Belarus
⑥格鲁吉亚 Georgia
⑦土耳其 Türkiye
⑧亚美尼亚 Armenia
⑨阿塞拜疆 Azerbaijan

普斯科夫
Pskov

斯摩棱斯克
Smolensk

布良斯克
Bryansk

特维尔
Tver'

莫斯科
MOSKVA

沃洛格达
Vologda

科特拉斯
Kotlas

瑟克特夫卡尔
Syktyvkar

乌拉尔山脉
Ural'skiy Khrebet

纳德姆
Nadym

新乌连戈伊
Novyy Urengoy

苏尔古特
Surgut

乌克兰
UKRAINE

罗斯托夫
Rostov-na-Donu

奥廖尔
Orel

梁赞
Ryazan'

坦波夫
Tambov

奔萨
Penza

弗拉基米尔
Vladimir

下诺夫哥罗德
Nizhniy

基洛夫
Kirov

彼尔姆
Perm'

谢罗夫
Serov

尼亚甘
Nyagan

西西伯利亚

苏尔古特
Surgut

下瓦尔托夫斯克
Nizhnevartovsk

叶卡捷琳堡
Yekaterinburg

秋明
Tyumen'

托博尔斯克
Tobol'sk

西西伯利亚平原
Zapadno-Sibirskaya ravnina

列索西比尔斯克
Lesosibirsk

伏尔加格勒
Volgograd

萨拉托夫
Saratov

萨马拉
Samara

乌法
Ufa

车里雅宾斯克
Chelyabinsk

马格尼托哥尔斯克
Magnitogorsk

鄂木斯克
Omsk

托木斯克
Tomsk

克拉斯诺达尔
Krasnodar

格罗兹尼
Groznyy

阿斯特拉罕
Astrakhan

里海
CASPIAN SEA

奥伦堡
Orenburg

哈萨克斯坦
KAZAKHSTAN

阿斯塔纳
ASTANA

新西伯利亚
Novosibirsk

巴尔瑙尔
Barnaul

克麦罗沃
Kemerovo

阿巴坎
Aba

新库兹涅茨克
Novokuznetsk

鲁布佐夫斯克
Rubtsovsk

克兹
Kyz

科什阿加奇

4374

友谊峰

伊朗
IRAN

巴库
BAKI

德黑兰
TEHRAN

土库曼斯坦
TURKMENISTAN

乌兹别克斯坦
UZBEKISTAN

克孜勒奥尔达
Qyzylorda

卡拉库姆沙漠

克孜勒库姆沙漠

巴尔喀什湖

阿拉湖

比什凯克
BISHKEK

阿拉木图
Almaty

准噶尔盆地

乌鲁木齐
Ürümqi

天山山脉

阿什哈巴德
ASHGABAT

塔什干
TOSHKENT

吉尔吉斯斯坦
KYRGYZSTAN

塔吉克斯坦
TAJIKISTAN

杜尚别
DUSHANBE

喀什
Kashi

汗腾格里峰

塔里木盆地

塔克拉玛干沙漠

中华

阿富汗
AFGHANISTAN

巴基斯坦
PAKISTAN

帕米尔

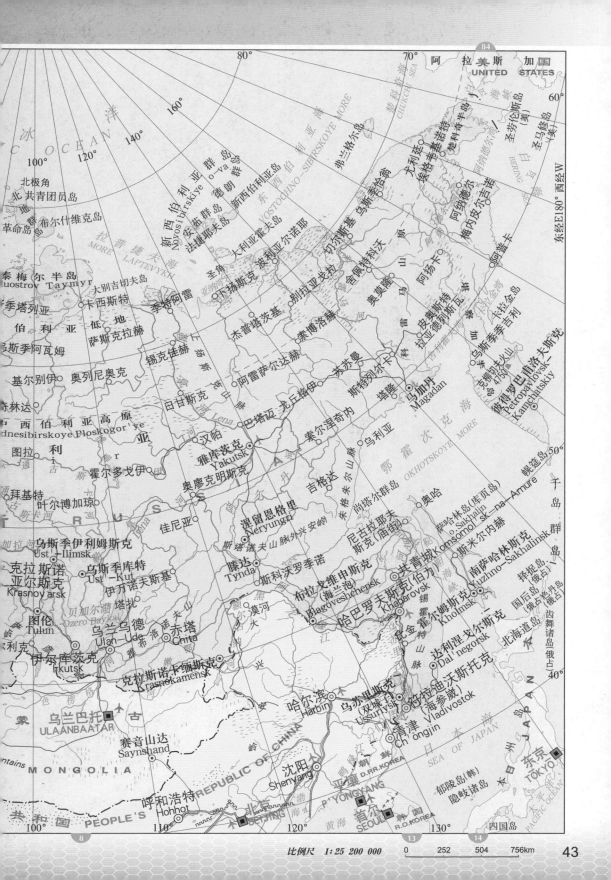

阿 拉 美 斯 加 国
UNITED STATES

冰 洋
C OCEAN

北极角
北 共青团员岛
革命岛
布尔什维克岛
拉普捷夫海
MORE LAPTEVYKH

泰梅尔半岛
uostrov Taymyr
季塔列亚
伯 利 亚
乌斯季阿瓦姆

基尔别伊
叶林达
中西伯利亚高原
Srednesibirskoye Ploskogor'ye

图拉 利
古
霍尔多戈伊
拜基特
叶尼博加琼

乌斯季伊利姆斯克
Ust-Ilimsk

克拉斯诺
亚尔斯克
Krasnoyarsk

图伦
Tulun

伊尔库茨克
Irkutsk

乌兰巴托
ULAANBAATAR

赛音山达
Saynshand

MONGOLIA

共 和 国
PEOPLE'S

呼和浩特
Hohhot

新 西 伯 利 亚 群 岛
Novosibirskiye o-va
安热群岛
德朗群岛
新西伯利亚岛
法捷耶夫岛
大利亚霍夫岛

卡西斯特
低 地
萨斯克拉赫

季克阿雷
锡克佳赫
日甘斯克
Lena

汉帕
雅库茨克
Yakutsk
奥廖克明斯克

佳尼亚
Lena

涅留恩格里
Neryungri

滕达
Tynda

塔拉
乌兰乌德
Ulan-Ude
赤塔
Chita

克拉斯诺卡缅斯克
Krasnokamensk

东 西 伯 利 亚 海
VOSTOCHNO-SIBIRSKOYE MORE

坤兰格尔岛

楚科奇海
CHUKCHI SEA

尤利钦
维格韦姆
阿纳德尔

圣
圣弗场斯克
拉扬戈伊
别拉戈戈
舍尔
蒙特科沃

杰普塔茨基

阿雷萨尔达赫
斯特列尔卡
塔隆

巴塔迈 尤丘格伊
索苏涅奇内
乌利亚

吉格兰

尚塔尔群岛
奥哈

尼古拉耶夫
斯克(庙街)

布拉戈维申斯克
(海兰泡)
Blagoveshchensk

哈巴罗夫斯克(伯力)
Khabarovsk

漠河

双城子
乌苏里斯克
Ussuriysk

哈尔滨
Harbin

沈阳
Shenyang

北京
BEIJING

黄海

REPUBLIC OF CHINA

朝
鲜
D.P.R.KOREA

平壤
P'YONGYANG

道尔
SEOUL
R.O.KOREA

苏苏曼

斯特列尔卡

马加丹
Magadan

鄂 霍 次 克 海
OKHOTSKOYE MORE

庞金湾

克柳切夫斯卡山
4750

彼得罗巴甫洛夫斯克
Petropavlovsk-
Kamchatskiy

幌筵岛
50°

千

萨哈林岛(库页岛)
o.Sakhalin

共青城Komsomol'sk-na-Amure
斯米尔内赫

南萨哈林斯克
Yuzhno-Sakhalinsk

霍尔姆斯克
Kholmsk

达利涅戈尔斯克
Dal'negorsk

符拉迪沃斯托克
(海参崴)Vladivostok

清津
Ch'ongjin

SEA OF JAPAN
日 本 海

择捉岛

国后岛
色丹岛
齿舞诸岛

北海道岛

JAPAN

本
州

东京
TOKYO

郁陵岛(韩)
隐岐诸岛

PACIFIC OCEAN

四国岛

圣劳伦斯岛(美)
圣马修岛(美)

阿纳德尔
梅内皮尔金

BERING
东经E180° 西经W

普罗维杰尼亚

阿普卡

卡拉金岛

乌斯季卡吉利

60°

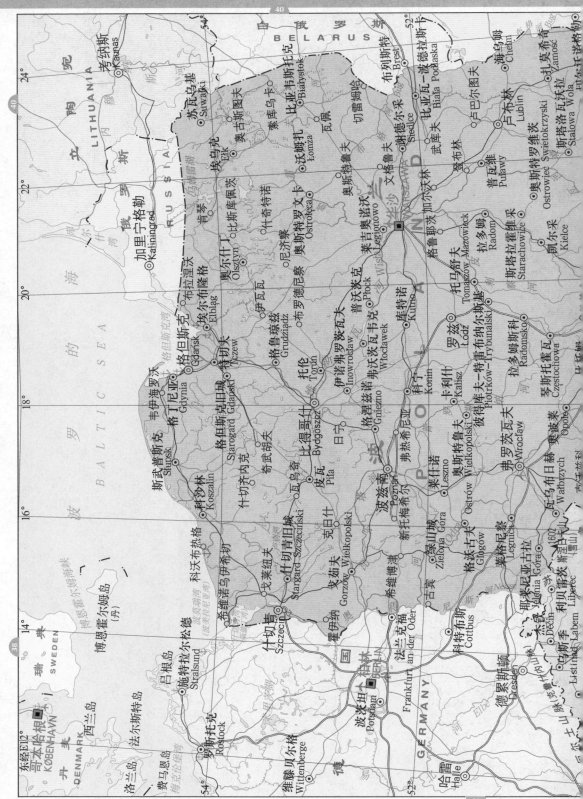

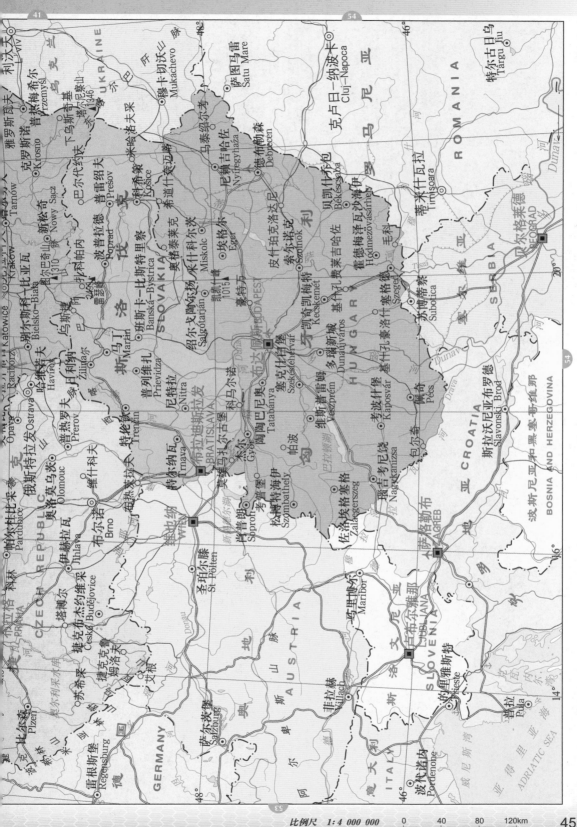

利沃夫
Lviv

雅罗斯瓦夫

普热梅希尔
Przemyśl

UKRAINE
乌
克
兰

穆卡切沃
Mukachevo

萨图马雷
Satu Mare

特尔古日乌
Târgu Jiu

克卢日—纳波卡
Cluj-Napoca

罗
尼
马
亚

克罗斯诺
Krosno

巴尔代约夫

下乌斯季

新松奇
Nowy Sącz

波普拉德
Poprad

普雷绍夫
Prešov

科希策
Košice

希道什瓦萨赫里
Satoraljaujhely

尼赖吉哈佐
Nyíregyháza

德布勒森
Debrecen

塔尔努夫
Tarnów

别尔斯科—比亚瓦
Bielsko–Biała

斯
洛
伐
克
SLOVAKIA

日利纳
Žilina

班斯卡—比斯特里察
Banská Bystrica

米什科尔茨
Miskolc

埃格尔
Eger

ROMANIA

贝凯什乔巴
Békéscsaba

哈维若夫
Havířov

特尔马丁
Martin

普列维扎
Prievidza

绍尔戈陶尔扬
Salgótarján

蒂米什瓦拉
Timişoara

普热罗夫
Přerov

特伦钦
Trenčín

尼特拉
Nitra

凯奇凯梅特
1015

塞格德
Szeged

苏博蒂察
Subotica

贝尔格莱德
BEOGRAD

奥洛莫乌茨
Olomouc

维什科夫

特尔纳瓦
Trnava

BRATISLAVA
布拉迪斯拉发

杰尔
Győr

布达佩斯
BUDAPEST

凯奇凯梅特
Kecskemét

多瑙新城
Dunaújváros

塞尔维亚
SERBIA

CZECH REPUBLIC
捷
克

布尔诺
Brno

伊赫拉瓦
Jihlava

陶陶巴尼亚
Tatabánya

塞克什白堡
Székesfehérvár

考波什堡
Kaposvár

佩奇
Pécs

塞克萨德
Szekszárd

捷克布杰约维采
České Budějovice

维也纳
WIEN

肖普朗
Sopron

松博特海伊
Szombathely

维斯普雷姆
Veszprém

帕波
Pápa

纳吉考尼饶
Nagykanizsa

CROATIA
克
罗
地
亚

斯拉沃尼亚布罗德
Slavonski Brod

BOSNIA AND HERZEGOVINA
波斯尼亚和黑塞哥维那

圣珀尔滕
St. Pölten

佐洛埃格塞格
Zalaegerszeg

萨格勒布
ZAGREB

比尔森
Plzeň

PRAHA
布拉格

塔博尔

马里博尔
Maribor

菲拉赫
Villach

斯洛文尼亚
SLOVENIA

卢布尔雅那
LJUBLJANA

AUSTRIA
奥
地
利

萨尔茨堡
Salzburg

的里雅斯特
Trieste

GERMANY
德

雷根斯堡
Regensburg

普拉
Pula

波代诺内
Pordenone

ITALY
意
大
利

ADRIATIC SEA
亚得里亚海

14° 16° 46°

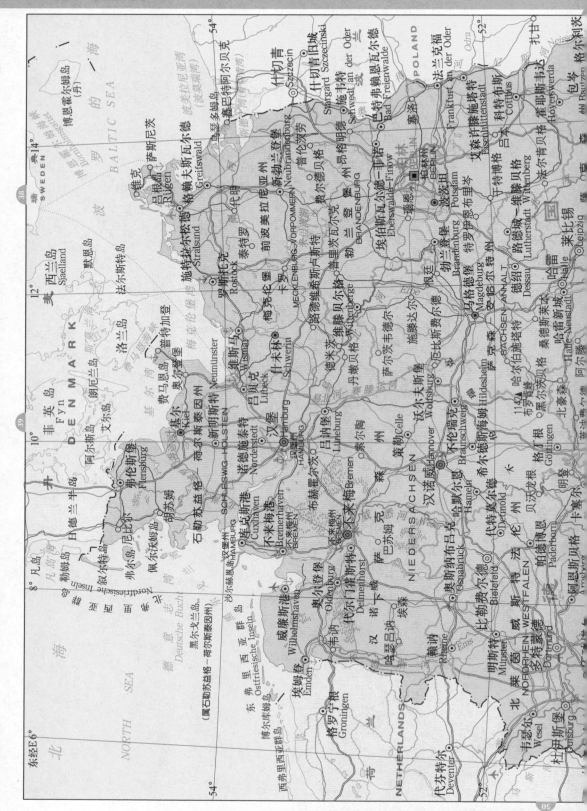

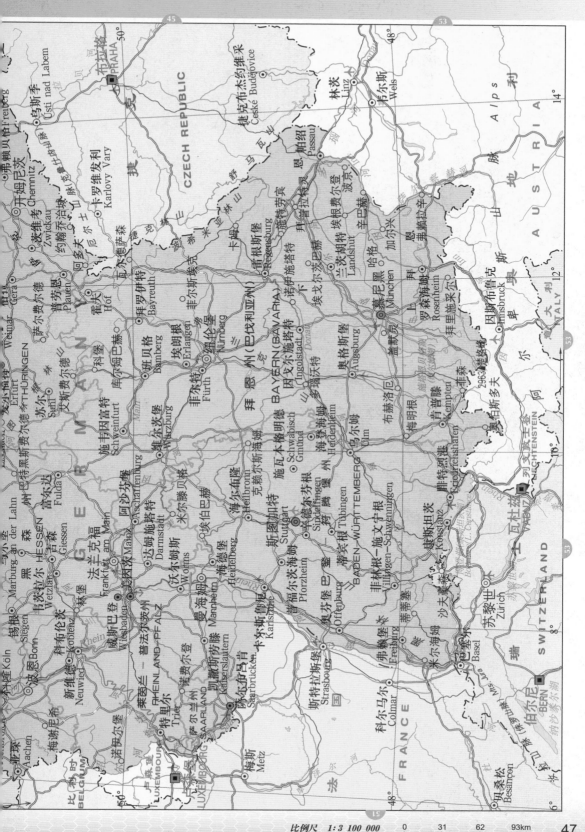

布拉格 PRAHA
乌斯季 Ústí nad Labem
林茨 Linz
韦尔斯 Wels
CZECH REPUBLIC
捷
弗赖堡 Freiberg
弗赖贝格 Freiberg
弗顺以帕 Chemnitz
开姆尼茨 Chemnitz
茨维考 Zwickau
约翰乔治城
卡罗维发利 Karlovy Vary
捷克布杰约维采 České Budějovice
帕绍 Passau
恩斯 Passau
魏玛 Weimar
苏尔 Suhl
格拉 Gera
普劳恩 Plauen
霍夫 Hof
拜罗伊特 Bayreuth
菲希特尔山 Fichtelberg
卡姆
施特劳宾
拜恩 BAYERN(BAVARIA)
施瓦本
埃尔福特 Erfurt
艾斯费尔德
THÜRINGEN
科堡 Coburg
班贝格 Bamberg
埃朗根 Erlangen
纽伦堡 Nürnberg
雷根斯堡
拜罗伊特
埃根费尔登
兰茨胡特 Landshut
施劳宾
哈格
加尔兴
慕尼黑 München
恩斯
黑斯特拉
因斯布鲁克 Innsbruck
卓巴
ITALY
大利
AUSTRIA
地
利
奥
GERMANY
马尔堡 Marburg an der Lahn
黑森 HESSEN
吉森 Giessen
富尔达 Fulda
施韦因富特 Schweinfurt
维尔茨堡 Würzburg
菲尔特 Fürth
恩 Fürth
因戈尔施塔特 Ingolstadt
多瑙沃特
奥格斯堡 Augsburg
盖默斯
罗森海姆 Rosenheim
拜里施采尔
2963克诺塔峰
韦茨拉 Wetzlar
锡根 Siegen
波恩 Bonn
科布伦茨 Koblenz
亚琛 Aachen
梅谢尼希
新维德 Neuwied
威斯巴登 Wiesbaden
法兰克福 Frankfurt am Main
达姆施塔特 Darmstadt
阿沙芬堡 Aschaffenburg
沃尔姆斯 Worms
海德堡 Heidelberg
克赖尔斯海姆
施瓦本格明德 Schwäbisch Gmünd
海登海姆 Heidenheim
乌尔姆 Ulm
BAYERN 州
布赫洛巴
海明根
肯普滕 Kempten
菲森
博登湖贝尔瑙
罗伊特林
施陶费贝格
弗里德里希港 Friedrichshafen
莱茵兰–普法尔茨 RHEINLAND–PFALZ
特里尔 Trier
萨尔州 SAARLAND
凯泽斯劳滕 Kaiserslautern
萨尔布吕肯 Saarbrücken
曼海姆 Mannheim
路德维希港
海尔布隆 Heilbronn
斯图加特 Stuttgart
普福尔茨海姆 Pforzheim
卡尔斯鲁厄 Karlsruhe
巴登–符腾堡州 BADEN–WÜRTTEMBERG
蒂宾根 Tübingen
辛德芬根 Sindelfingen
阿尔卜
菲林根–施文宁根 Villingen–Schwenningen
康斯坦茨 Konstanz
L. Constance
列支敦士登 LIECHTENSTEIN
Rhein
梅斯 Metz
卢森堡 LUXEMBOURG
斯特拉斯堡 Strasbourg
法
国
科尔马 Colmar
奥芬堡 Offenburg
弗赖堡 Freiburg
蒂蒂湖
沙夫豪森
FRANCE
贝桑松 Besançon
米卢斯
巴塞尔 Basel
苏黎世 Zürich
苏黎世湖
伯尔尼 BERN
瑞
SWITZERLAND
纳沙泰尔湖
瑞士汝拉山脉
比 时
BELGIUM
莱茵 Rhein

英国 爱尔兰 UNITED KINGDOM IRELAND

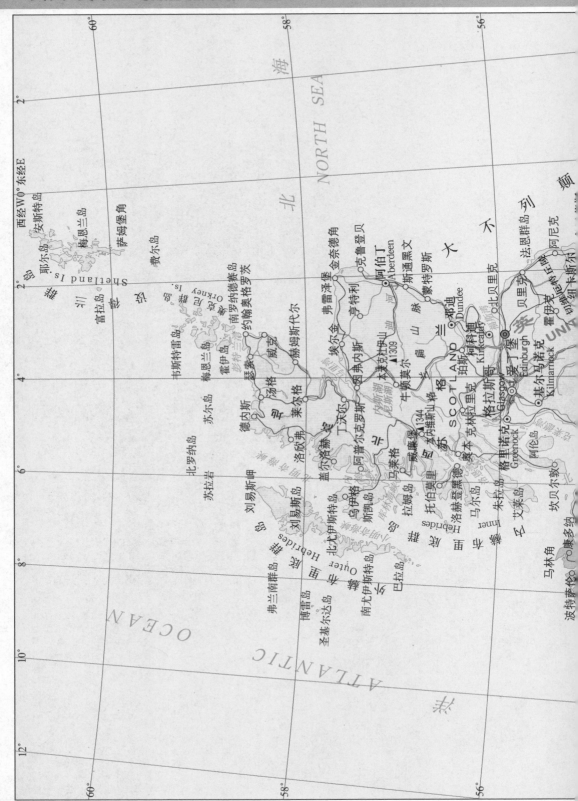

48

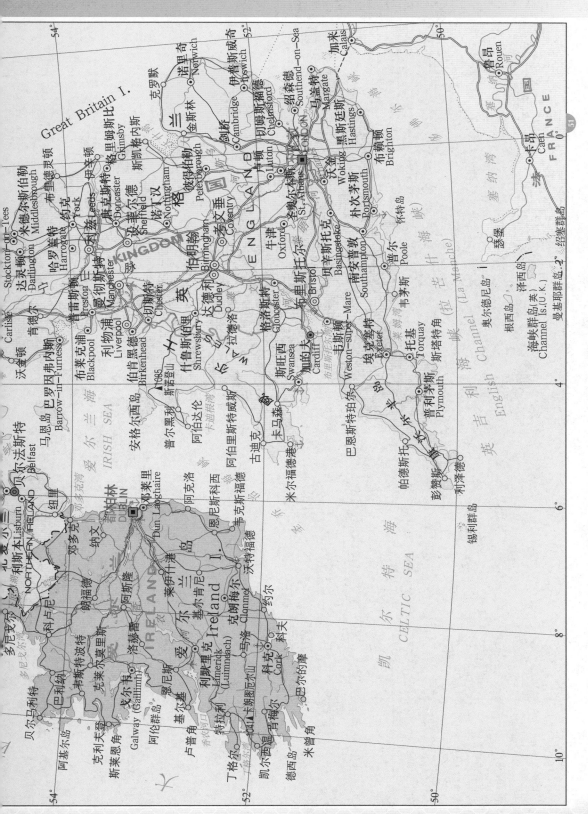

Great Britain I.

FRANCE

鲁昂 Rouen
卡昂 Caen
加来 Calais

多尼戈尔 利斯本Lisburn
NORTHERN IRELAND
贝尔法斯特 Belfast

诺里奇 Norwich
伊普斯威奇 Ipswich
绍森德 Southend-on-Sea
马盖特 Margate
黑斯廷斯 Hastings
布赖顿 Brighton

斯托克顿 Stockton-on-Tees
米德尔斯伯勒 Middlesbrough
达灵顿 Darlington
约克 York
哈罗盖特 Harrogate
利兹 Leeds
唐克斯特 Doncaster
谢菲尔德 Sheffield
诺丁汉 Nottingham
格里姆斯比 Grimsby
格兰瑟姆 Grantham
彼得伯勒 Peterborough
剑桥 Cambridge
卡莱尔 Carlisle
兰开斯特 Lancaster
普雷斯顿 Preston
曼彻斯特 Manchester
切斯特 Chester
什鲁斯伯里 Shrewsbury
伯明翰 Birmingham
考文垂 Coventry
达德利 Dudley
莱斯特 Leicester
北安普敦 Northampton
卢顿 Luton
圣奥尔本斯 St. Albans
沃金 Woking
伦敦 LONDON
切姆斯福德 Chelmsford

布莱克浦 Blackpool
利物浦 Liverpool
伯肯黑德 Birkenhead
巴罗因弗内斯 Barrow-in-Furness

英 格 兰
ENGLAND
KINGDOM

沃金顿 Workington

牛津 Oxford
斯温登 Swindon
布里斯托尔 Bristol
巴斯 Bath
格洛斯特 Gloucester
韦斯顿 Weston-super-Mare
贝辛斯托克 Basingstoke
南安普敦 Southampton
埃克塞特 Exeter
普尔 Poole
怀特岛
朴次茅斯 Portsmouth

加的夫 Cardiff
斯旺西 Swansea

威 尔 士 WALES

圣戴维角 St. David's Head

斯诺登山 1085

普尔黑利
安格尔西岛
阿伯达伦
阿伯里斯特威斯 Aberystwyth
卡迪根湾
阿伯福德西
米尔福德港
巴恩斯特珀尔
古迪克

韦茅斯 Weymouth
托基 Torquay
埃克斯茅斯
普利茅斯 Plymouth
斯塔特角
芒海

彭赞斯 Penzance
帕德斯托 Padstow
利泽德

锡利群岛 Scilly Is.

IRISH SEA
爱 尔 兰 海

马恩岛
道格拉斯

贝尔吕利特
阿基尔岛
斯莱戈角
克莱纳 巴利纳
韦斯特波特
克卢埃尔莫里斯
戈尔韦 Galway (Gaillimh)
阿伦群岛
特拉利
丁格尔
香农河口
凯尔西岛
德西岛
卡恩图尔
斯莱戈 Sligo
纳文 Navan
邓多克
阿克洛
恩尼斯科西
韦克斯福德
都柏林 DUBLIN
邓莱里 Dun Laoghaire
科克 Cork
克朗梅尔 Clonmel
沃特福德 Waterford
基尔肯尼 Kilkenny
卡罗
爱 尔 兰
IRELAND
利默里克 Limerick (Luimneach)
恩尼斯
朗福德
阿斯隆
姆莱
基兰
科夫
巴尔的摩
米曾角
青海角

CELTIC SEA
凯 尔 特 海

英 吉 利 海 峡 (拉芒什海峡) English Channel (La Manche)

泽西岛
根西岛
奥尔德尼岛(英)
海峡群岛(英) Channel Is. (U. K.)
曼基那群岛 2 绍塞群岛

瑟纳湾
塞纳湾

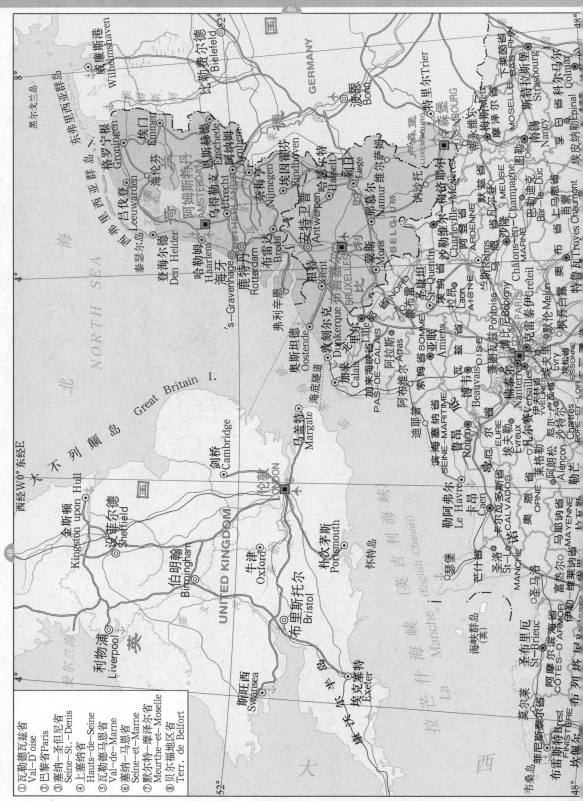

①瓦勒德瓦兹省 Val–D'oise
②巴黎省 Paris
③塞纳–圣但尼省 Seine–St.–Denis
④上塞纳省 Hauts–de–Seine
⑤瓦勒德马恩省 Val–de–Marne
⑥塞纳–马恩省 Seine–et–Marne
⑦默尔特–摩泽尔省 Meurthe–et–Moselle
⑧贝尔福地区省 Terr. de Belfort

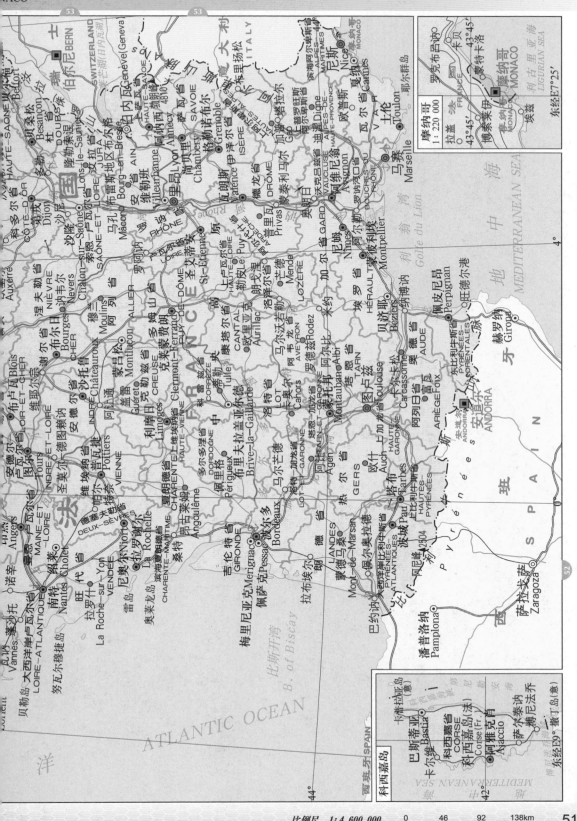

摩纳哥
1: 220 000
拉盖　法
43°45′　43°45′
博莱伊苏
东经E7°25′

科西嘉岛

比例尺　1:4 600 000
0　46　92　138km

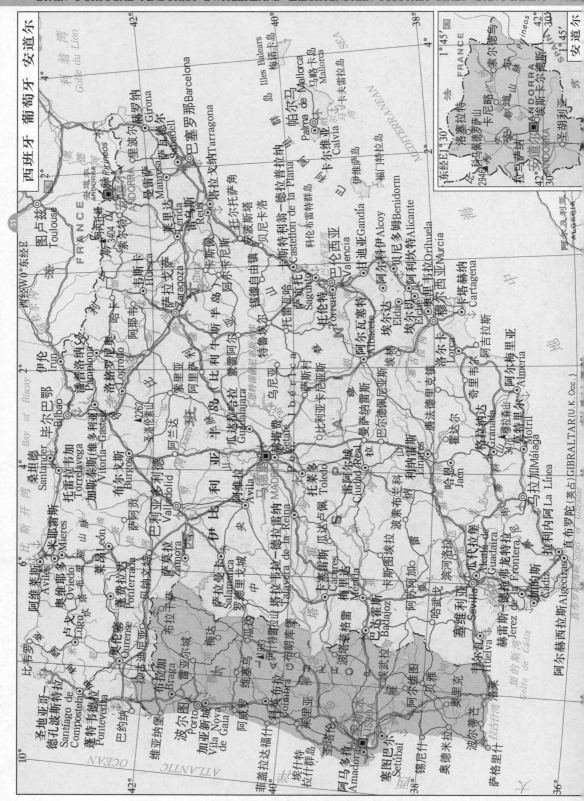

比例尺 1:5 900 000   0   59   118   177km

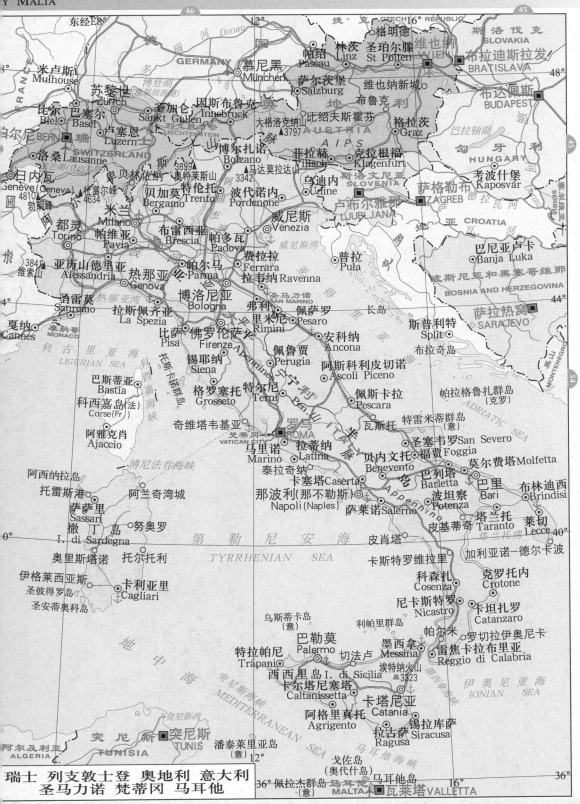

东经8° 46 12° 捷 克 CZECH 16° REPUBLIC 45

多 瑙 河 Donau

GERMANY 帕绍 Passau 林茨 Linz 圣珀尔滕 St Pölten 维也纳 WIEN 布拉迪斯拉发 BRATISLAVA 48°

米卢斯 Mulhouse 慕尼黑 München 萨尔茨堡 Salzburg 维也纳新城 布鲁克 布达佩斯 BUDAPEST

苏黎世 Zürich 博登湖 因斯布鲁克 Innsbruck 奥 比绍夫斯霍芬

比尔 Biel 巴塞尔 Basel 圣加仑 Sankt Gallen 列支敦士登 LIECHTENSTEIN 大格洛克纳山 3797 AUSTRIA AIPS 格拉茨 Graz 巴拉顿湖 匈 牙 利 HUNGARY

BERN 瑞 卢塞恩 Luzern 山 阿 博尔扎诺 Bolzano 菲拉赫 Villach 克拉根福 Klagenfurt 斯 洛 文 尼 亚 SLOVENIA 萨格勒布 ZAGREB 考波什堡 Kaposvár 德 拉 瓦 河 Drava 塞 尔 维 亚 SERBIA

洛桑 Lausanne SWITZERLAND 5899 奥斯特莱斯山 阿 特伦托 Trento 马达莫拉达 3342 乌迪内 Udine 卢布尔雅那 LJUBLJANA 亚 CROATIA 瓦 河

日内瓦 Genève (Geneva) 4810 勃朗峰 4634 杜富尔峰 贝加莫 Bergamo 波代诺内 Pordenone 威尼斯 Venezia 普拉 Pula 巴尼亚卢卡 Banja Luka

米兰 Milano 都灵 Torino 帕维亚 Pavia 布雷西亚 Brescia 帕尔马 Parma 帕多瓦 Padova 费拉拉 Ferrara 威尼斯湾 波斯尼亚和黑塞哥维那 BOSNIA AND HERZEGOVINA

3841 维索山 亚历山德里亚 Alessandria 热那亚 Genova 拉韦纳 Ravenna 圣马力诺 San Marino 长岛 萨拉热窝 SARAJEVO

洛雷莫 Sanremo 热那亚湾 拉斯佩齐亚 La Spezia 博洛尼亚 Bologna 弗利 佩萨罗 Pesaro 斯普利特 Split 黑 山 MONTENEGRO

戛纳 Cannes MONACO 利 古 里 亚 海 LIGURIAN SEA 比萨 Pisa 佛罗伦萨 Firenze 里米尼 Rimini 安科纳 Ancona 布拉奇岛 帕拉格鲁扎群岛 (克罗) ADRIATIC SEA

巴斯蒂亚 Bastia 科西嘉岛(法) Corse (Fr) 托斯卡纳群岛 嘉 海 峡 锡耶纳 Siena 佩鲁贾 Perugia 阿斯科利皮切诺 Ascoli Piceno 意 特雷米蒂群岛 (意)

阿雅克肖 Ajaccio 格罗塞托 Grosseto 特尔尼 Terni Pen. 佩斯卡拉 Pescara 瓦斯托 圣塞韦罗 San Severo 福贾 Foggia

博尼法乔海峡 奇维塔韦基亚 梵蒂冈 VATICAN CITY 罗马 ROMA 拉蒂纳 Latina 贝内文托 Benevento 莫尔费塔 Molfetta

马里诺 Marino 巴列塔 Barletta 巴里 Bari 布林迪西 Brindisi

阿西纳拉岛 托雷斯港 萨萨里 Sassari 阿兰奇湾城 泰拉奇纳 卡塞塔 Caserta 那波利(那不勒斯) Napoli (Naples) 萨莱诺 Salerno 波坦察 Potenza 塔兰托 Taranto 莱切 Lecce 40°

0° 撒 丁 岛 I. di Sardegna 第 勒 尼 安 海 TYRRHENIAN SEA 皮肖塔 皮基蒂奇 塔兰托湾 IONIAN SEA

奥里斯塔诺 托尔托利 卡斯特罗维拉里 加利亚诺-德尔卡波

伊格莱西亚斯 圣彼得罗岛 圣安蒂奥科岛 卡利亚里 Cagliari 努奥罗 科森扎 Cosenza 克罗托内 Crotone

乌斯蒂卡岛 (意) 尼卡斯特罗 Nicastro 卡坦扎罗 Catanzaro

利帕里群岛 巴勒莫 Palermo 帕尔米 罗切拉伊奥尼卡

特拉帕尼 Trápani 切法卢 墨西拿 Messina 雷焦卡拉布里亚 Reggio di Calabria

西西里岛 I. di Sicilia 埃特纳火山 3323

卡尔塔尼塞塔 Caltanissetta 卡塔尼亚 Catania

地 中 海 MEDITERRANEAN SEA 突尼斯湾 阿格里真托 Agrigento 锡拉库萨 Siracusa

潘泰莱里亚岛 (意) 12° 拉古萨 Ragusa

突尼斯 TUNIS 戈佐岛 (奥代什岛)

阿尔及利亚 ALGERIA TUNISIA 马 耳 他 海 峡 36°

佩拉杰群岛 (意) 马耳他岛 36°

瑞士 列支敦士登 奥地利 意大利
圣马力诺 梵蒂冈 马耳他

MALTA 瓦莱塔 VALLETTA 16°

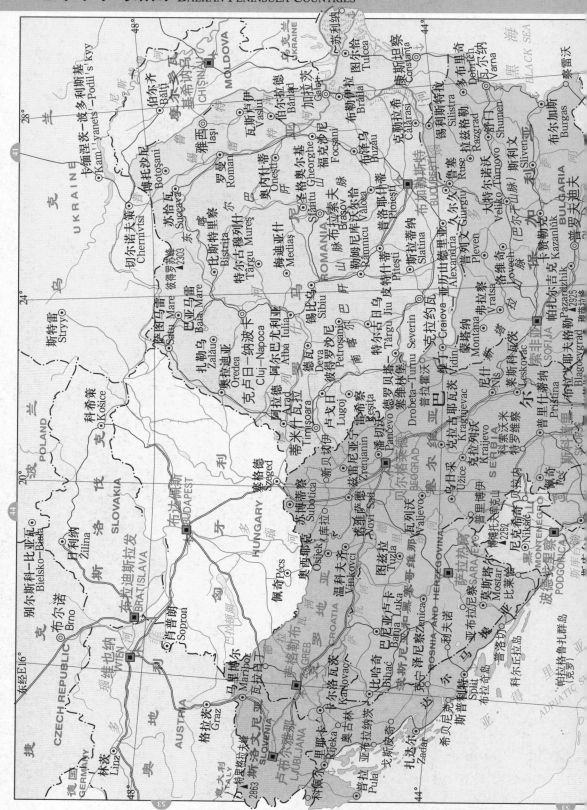

MOLDOVA

苏利纳
Sulina

UKRAINE
乌克兰

伯尔兹
Bălți

基希讷乌
CHIŞINĂU

卡缅涅茨—波多利斯基
Kam'l'yanets'—Podil's'Kyy

切尔诺夫策
Chernivtsi

博托沙尼
Botoşani

雅西
Iaşi

瓦斯卢伊
Vaslui

图尔恰
Tulcea

康斯坦察
Constanţa

斯特雷
Stryy

斯特里
Stryy

苏恰瓦
Suceava

罗曼
Roman

福克沙尼
Focşani

加拉茨
Galaţi

布勒伊拉
Brăila

伯尔拉德
Bârlad

多布里奇
Dobrich

瓦尔纳
Varna

黑海
BLACK SEA

科希策
Košice

比斯特里察
Bistriţa

彼得罗沙尼
Petroşani

特尔古穆列什
Târgu Mureş

梅迪亚什
Mediaş

锡比乌
Sibiu

勒姆尼库沃尔恰
Râmnicu Vâlcea

普洛耶什蒂
Ploieşti

普拉希拉
Ploieşti

布加勒斯特
BUCUREŞTI

布加勒斯特
BUCUREŞTI

锡利斯特拉
Silistra

舒门
Shumen

布尔加斯
Burgas

萨图马雷
Satu Mare

巴亚马雷
Baia Mare

扎勒乌
Zalău

奥拉迪亚
Oradea

克卢日—纳波卡
Cluj-Napoca

阿尔巴尤利亚
Alba Iulia

德瓦
Deva

锡纳亚
Sinaia

彼得罗沙尼
Petroşani

特尔古日乌
Târgu Jiu

克拉约瓦
Craiova

斯拉蒂纳
Slatina

亚历山德里亚
Alexandria

久尔久
Giurgiu

鲁塞
Ruse

大特尔诺沃
Veliko Tǔrnovo

斯利文
Sliven

卡赞勒克
Kazanlŭk

帕扎尔吉克
Pazardzhik

普罗夫迪夫
Plovdiv

ROMANIA
罗马尼亚

阿拉德
Arad

蒂米什瓦拉
Timişoara

卢戈日
Lugoj

雷希察
Reşiţa

德罗贝塔—塞维林堡
Drobeta-Turnu Severin

维丁
Vidin

蒙塔纳
Montana

弗拉察
Vratsa

洛维奇
Lovech

普列文
Pleven

塞格德
Szeged

苏博蒂察
Subotica

新贝切伊
Bečej

大贝奇凯雷克
Zrenjanin

潘切沃
Pančevo

贝尔格莱德
BEOGRAD

克拉古耶瓦茨
Kragujevac

尼什
Niš

莱斯科瓦茨
Leskovac

索非亚
SOFIJA

布拉戈耶夫格勒
Blagoevgrad

BULGARIA
保加利亚

BUDAPEST
布达佩斯

佩奇
Pécs

奥西耶克
Osijek

苏博蒂察
Subotica

诺维萨德
Novi Sad

萨拉热窝
SARAJEVO

莫斯塔尔
Mostar

尼克希奇
Nikšić

波德戈里察
PODGORICA

普里什蒂纳
Priština

SKOPJE
斯科普里

HUNGARY
匈牙利

SERBIA
塞尔维亚

MONTENEGRO
黑山

索普朗
Sopron

马里博尔
Maribor

格拉茨
Graz

卢布尔雅那
LJUBLJANA

里耶卡
Rijeka

普拉
Pula

扎达尔
Zadar

SLOVENIA
斯洛文尼亚

CROATIA
克罗地亚

BOSNIA AND HERZEGOVINA
波斯尼亚和黑塞哥维那

维也纳
WIEN

布拉迪斯拉发
BRATISLAVA

SLOVAKIA
斯洛伐克

日利纳
Žilina

布尔诺
Brno

布拉迪斯拉发
BRATISLAVA

CZECH REPUBLIC
捷克

林茨
Linz

AUSTRIA
奥地利

别尔斯科—比亚瓦
Bielsko-Biała

POLAND
波兰

ITALY
意大利

ADRIATIC SEA
亚得里亚海

比哈奇
Bihać

图兹拉
Tuzla

泽尼察
Zenica

斯普利特
Split

卡尔洛瓦茨
Karlovac

温科夫齐
Vinkovci

东经E16°

28°

41°

44°

48°

24°

20°

44°

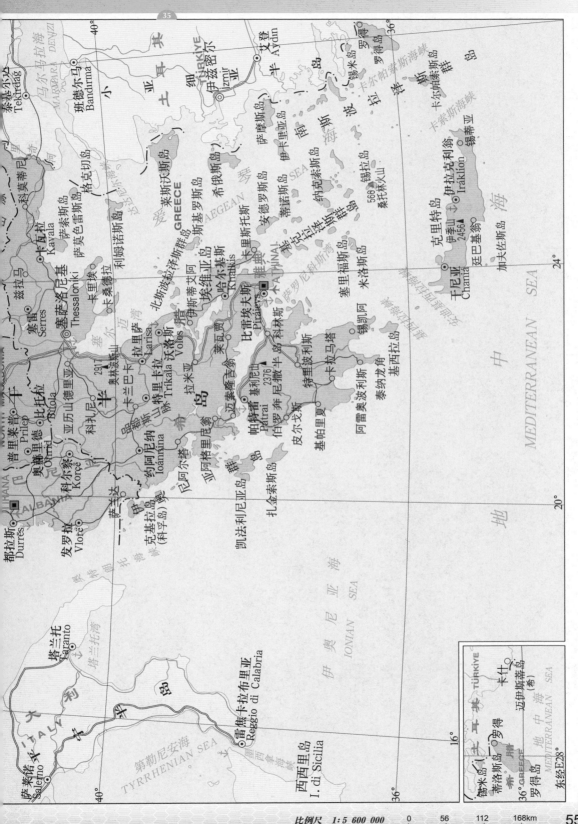

泰基尔达
Tekirdağ
马尔马拉海
MARMARA DENIZI

40°

班德尔马
Bandırma

亚
土
耳
其

小
亚
细
亚

伊兹密尔
İzmir

艾登
Aydın

卡尔帕索斯海峡

罗得岛

36°

卡尔帕索斯岛

泽

拉

索

斯

群

岛

卡索斯海峡

锡蒂亚

伊拉克利翁
Iráklion

克里特岛
246△

桑托林火山
566△

伊兹克莱利海

海

地

中

MEDITERRANEAN   SEA

24°

千尼亚
Chaniá

克里特岛

加夫佐斯岛

廷巴基翁角

卡桑德拉半岛

科莫蒂尼

萨莫色雷斯岛

萨索斯岛

利姆诺斯岛

利姆诺斯海峡

斯波拉泽斯尼群

利姆诺斯群岛

希俄斯岛

萨摩斯岛

伊卡里亚岛

萨德罗斯岛

安德罗斯岛

纳克索斯岛

锡罗斯岛

蒂诺斯岛

米克诺斯岛

塞里福斯岛

米洛斯岛

基西拉岛

基西拉海峡

莱斯沃斯岛

基俄斯岛

爱   琴   海
AEGEAN   SEA
希腊
GREECE

卡瓦拉
Kavala

塞雷
Serres

兹拉马

科莫蒂尼

普里莱普
Prilep

比托拉
Bitola

奥赫里德
Ohrid

卡桑德拉

卡桑德拉湾

塞萨洛尼基
Thessaloniki

塞   尔
迈

萨   洛

卡   泽

尼   基湾

卡   泽

2917
奥林波斯山

卡兰巴卡

特里卡拉 Trikala

拉里萨
Lárisa

沃洛斯
Volos

莱瓦贾

基俄斯

埃维亚岛

哈尔基斯
Khalkís

卡里斯托斯

埃拉特伊阿

伊斯蒂艾阿

伊斯蒂艾阿

唯奥

比雷埃夫斯
Piraiévs

雅典
ATHÍNAI ★

萨罗尼科斯湾

科林斯

科林斯湾

帕特雷
Pátrai

2376
基利尼山

特里波利斯

卡拉马塔

锡凯阿

米洛斯岛

基西拉岛

阿雷奥波利斯

泰纳龙角

马塔潘角

皮尔戈斯

基帕里夏

塞里福斯岛

北斯波拉泽斯群岛

利姆诺斯岛

萨莫色雷斯岛

格克切岛

萨索斯岛

北

岛

希

腊

半

岛

迈

拉

2917

宾

都

山

脉

品

都

山

脉

卡兰巴卡

约阿尼纳
Ioánnina

科孚尼

阿格里尼翁

迈索隆吉翁

伊奥尼亚群岛

扎金索斯岛

凯法利尼亚岛
(科孚岛)

克基拉岛
(科孚岛)

莱夫卡斯岛

萨兰达

约阿尼纳

伊庇鲁斯

伊奥尼亚群岛

ALBANIA
阿尔巴尼亚

都拉斯
Durrës

发罗拉
Vlorë

萨兰达

科尔察
Korçë

普里莱普

亚历山德里亚

奥赫里德

NORTH MACEDONIA

都拉斯

萨罗斯

塔兰托
Taranto

塔兰托湾

意
大
利
ITALIA

雷焦卡拉布里亚
Reggio di Calabria

卡拉布里亚
Calabria

半
岛

伊   奥   尼   亚   海
IONIAN   SEA

地

中

海

MEDITERRANEAN   SEA

萨莱诺
Salerno

第勒尼安海
TYRRHENIAN SEA

西西里岛
I. di Sicilia

墨西拿

墨西拿海峡

16°

20°

40°

36°

东经E28°
36°

土   耳   其
TÜRKİYE

卡什

迈伊斯蒂岛 (希)

罗得岛

锡米岛

蒂洛斯岛 (希)

锡米岛 (希)

希   腊
GREECE

罗得岛

地   中   海
MEDITERRANEAN   SEA

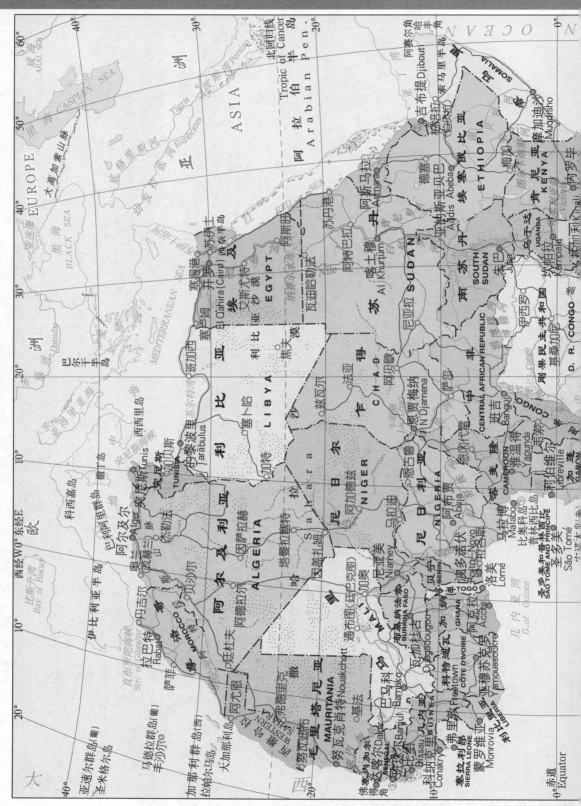

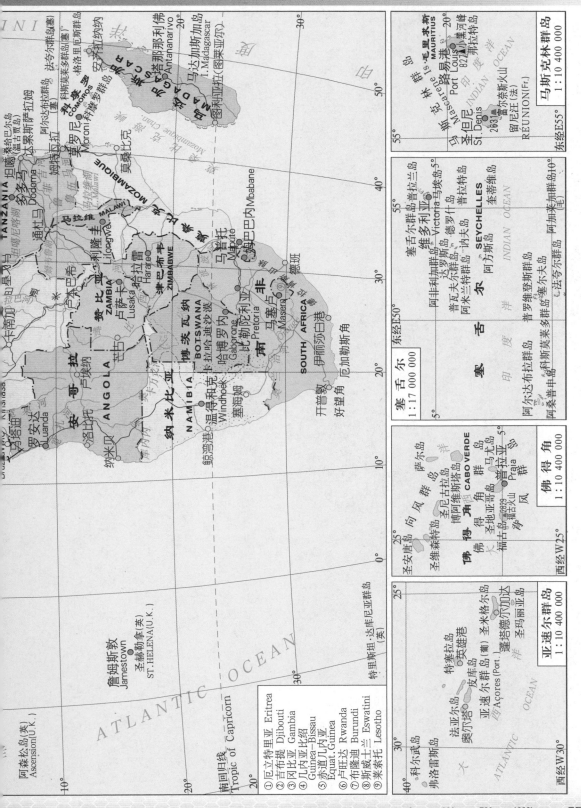

阿森松岛 (英)
Ascension(U.K.)

坦桑尼亚 TANZANIA
多多马 Dodoma

科摩罗 COMOROS
莫罗尼 Moroni

马达加斯加
I. Madagascar
塔那那利佛
Antananarivo

MOZAMBIQUE
莫桑比克

MALAWI
利隆圭
Lilongwe

ZIMBABWE
津巴布韦
哈拉雷
Harare

ZAMBIA
赞比亚
卢萨卡
Lusaka

马普托
Maputo

姆巴巴内 Mbabane

约翰内斯堡

ANGOLA
安哥拉
罗安达
Luanda

NAMIBIA
纳米比亚
温得和克
Windhoek

BOTSWANA
博茨瓦纳
哈博罗内
Gaborone

南非
SOUTH AFRICA
比勒陀利亚 Pretoria

马塞卢
Maseru

伊丽莎白港

开普敦
好望角
厄加勒斯角

詹姆斯敦
Jamestown
圣赫勒拿岛 (英)
ST. HELENA U.K.

特里斯坦·达库尼亚群岛 (英)

南回归线
Tropic of Capricorn

ATLANTIC OCEAN

①厄立特里亚 Eritrea
②吉布提 Djibouti
③冈比亚 Gambia
④几内亚比绍 Guinea-Bissau
⑤赤道几内亚 Equat. Guinea
⑥卢旺达 Rwanda
⑦布隆迪 Burundi
⑧斯威士兰 Eswatini
⑨莱索托 Lesotho

马斯克林群岛
1:10 400 000

马斯克林群岛
MAURITIUS
路易港 822峰
Port Louis
毛里求斯
Mascarene Is.

圣但尼
St. Denis
留尼汪 (法)
RÉUNION(Fr.)

东经 E55°

塞舌尔
SEYCHELLES
维多利亚 Victoria
马埃岛

INDIAN OCEAN

塞古尔
1:17 000 000
东经 E50°

佛得角
CABO VERDE
普拉亚 Praia
1:10 400 000
西经 W25°

亚速尔群岛
1:10 400 000
亚速尔群岛
Açores (Port.)
西经 W30°

ATLANTIC OCEAN

埃及 苏丹 南苏丹 EGYPT SUDAN SOUTH SUDAN

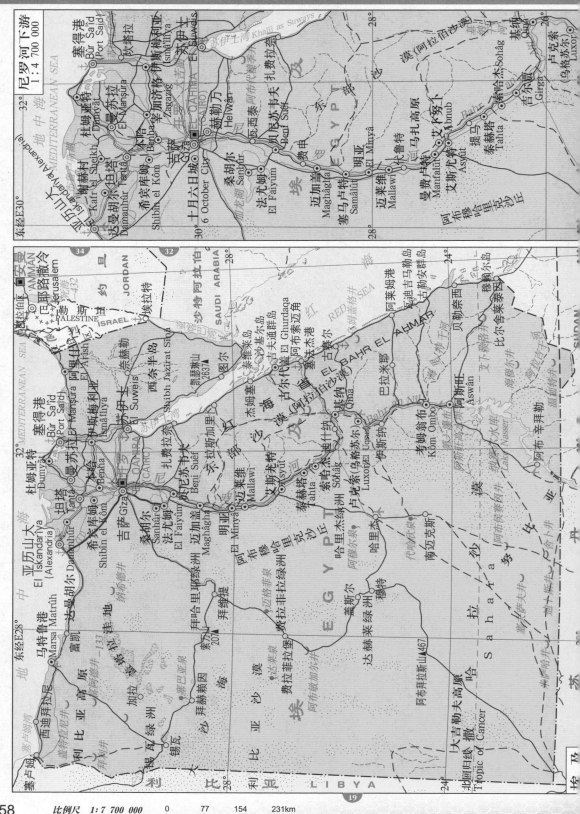

尼罗河下游 1:4 700 000

比例尺 1:7 700 000

0　　　77　　　154　　　231km

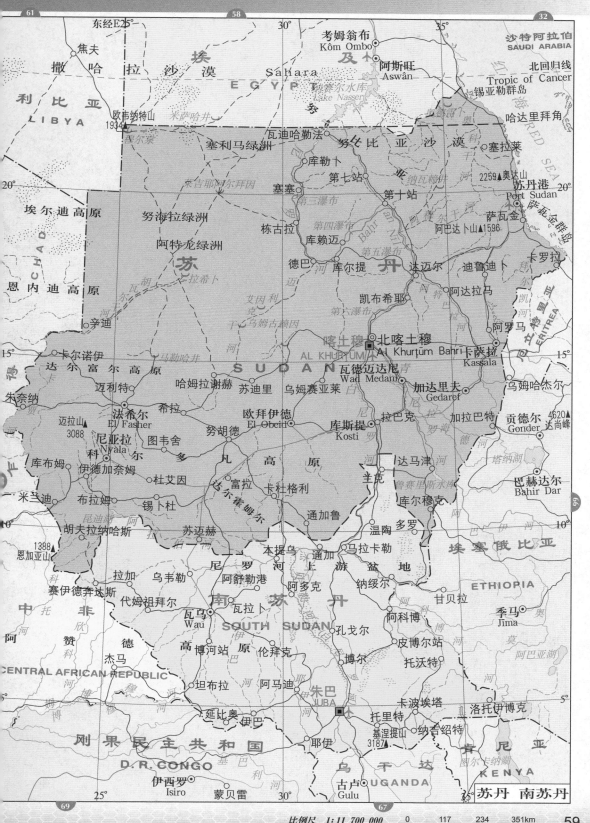

东经E25° 30° 35°

焦夫
Kôm Ombo 考姆翁布
沙特阿拉伯
SAUDI ARABIA

撒 哈 拉 沙 漠 埃 及
Sahara
LIBYA 利 比 亚 EGYPT
阿斯旺
Aswân
北回归线
Tropic of Cancer

欧韦纳特山 赛尔水库 锡亚勒群岛
1934米 Lake Nasser 哈达里拜角

瓦迪哈勒法 努 比 亚 沙 漠 科
塞利马绿洲 塞拉莱

20° 努海拉绿洲 库勒卜 亚 纳瓦勒井 2269 奥达山 苏丹港 20°
第七站 Port Sudan

埃尔迪高原 第十站 萨瓦金

阿特龙绿洲 栋古拉 库赖迈 苏 萨瓦金群岛

恩内迪高原 德巴 库尔提 丹 达迈尔 迪鲁迪 卡罗拉

苏 拉希卜 迈 凯布希耶 阿达拉马 厄
辛迪 第六瀑布 阿罗马 立
乌姆古赖因 特

15° 卡尔诺伊 喀土穆 北喀土穆 卡萨拉 15°
达尔富尔高原 AL KHURȚUM Al Khurțum Bahri Kassala
迈利特 瓦德迈达尼
朱奈纳 哈姆拉谢赫 苏迪里 乌姆赛亚莱 Wad Medani 加达里夫
希拉 SUDAN Gedaref 乌姆哈杰尔
法希尔 欧拜伊德 加拉巴特 贡德尔 4620
迈拉山 El Fasher El Obeid 库斯提 拉巴克 Gonder 达尚峰
3088 努胡德 Kosti 达马津 巴赫达尔
尼亚拉 图韦舍 凡 高 原 朱克 Bahir Dar
Nyala 科 尔 多 富拉 卡杜格利 库尔穆克
库布姆 伊德加奈姆 杜艾因 达尔富姆尔
布拉姆 锡卜杜 通加鲁 温陶 多罗
米兰迪 胡夫拉纳哈斯 苏迈赫 埃 塞 俄 比 亚

10° 恩加亚山 本提乌 通加 马拉卡勒 ETHIOPIA 10°
1388 拉加 乌韦勒 尼 罗 河 上 游 盆 地 纳绥尔 甘贝拉
赛伊德奔达斯 代姆祖拜尔 阿舒勒港 阿多克 季马
中 瓦乌 瓦拉卜 阿科博 Jima
非 赞 Wau 南 苏 丹 孔戈尔 皮博尔站
阿 德 杰马 高博河站 原 伦拜克 SOUTH SUDAN 博尔 托沃特
CENTRAL AFRICAN REPUBLIC 坦布拉 阿马迪 朱巴 卡波埃塔 肯
延比奥 伊巴 JUBA 托里特 洛托伊博克 尼
刚 果 民 主 共 和 国 耶伊 基涅提山 纳奇绍特 亚
D. R. CONGO 3187 KENYA
伊西罗 蒙贝雷 古卢 乌 干 达
Isiro Gulu UGANDA 苏丹 南苏丹

25° 30° 25°

比例尺 1:11 700 000   0   117   234   351km

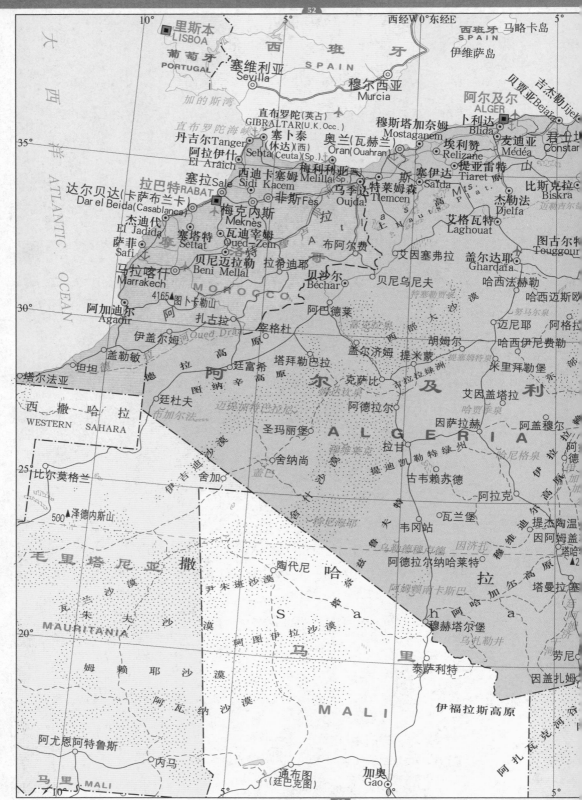

里斯本
LISBOA

西　班　牙
SPAIN

西经W0°东经E
西班牙 SPAIN
马略卡岛

葡萄牙
PORTUGAL

塞维利亚
Sevilla

穆尔西亚
Murcia

伊维萨岛

加的斯湾

阿尔及尔
ALGER

贝贾亚 吉杰勒Jijel
Bejaia

直布罗陀(英占)
GIBRALTAR(U.K.Occ.)
直布罗陀海峡

穆斯塔加奈姆
Mostaganem

卜利达
Blida

君士坦

丹吉尔Tanger
塞卜泰
(休达)(西)
Sebta(Ceuta)(Sp.)

奥兰(瓦赫兰)
Oran(Ouahran)

埃利赞
Relizane

麦迪亚
Médéa

阿拉伊什
El Araich

西迪卡塞姆
Sidi Kacem

提利利亚西
Melilla(Sp.)

斯

塞伊达
Saïda

比斯克拉
Biskra

塞拉Sale
RABAT

乌季达
Oujda

特莱姆森
Temcen

达尔贝达(卡萨布兰卡)
Dar el Beida(Casablanca)

非斯Fes

提亚雷特
Tiaret

杰勒法
Djelfa

迈勒吉尔盐

拉巴特RABAT

梅克内斯
Meknes

拉

艾格瓦特
Laghouat

杰迪代
El Jadida

瓦迪宰姆
Oued-Zem

布阿尔费

艾因塞弗拉

盖尔达耶
Ghardaia

图古尔特
Touggourt

塞塔特
Settat

拉希迪耶

哈西法赫勒

萨菲
Safi

贝尼迈拉勒
Beni Mellal

贝沙尔
Béchar

贝尼乌尼夫

哈西迈斯欧

马拉喀什
Marrakech

4165图卜卡勒山

阿巴德莱

特塞勒贾雷

努马尔泉

阿加迪尔
Agadir

扎古拉

牟格杜

迈尼耶

阿格济

哈西伊尼费勒

伊盖尔济姆

塔拜勒巴拉

盖尔济姆

提米蒙

米里拜勒堡

盖勒敏

廷富希

克萨比

阿德拉尔

艾因盖塔拉

塔尔法亚

廷杜夫

圣玛丽堡

拉甘

因萨拉赫

阿盖穆尔

阿

西　撒　哈　拉
WESTERN SAHARA

舍纳尚

ALGERIA

哈贾泰泉

阿

比尔莫格兰

舍加

提迪凯勒特绿州

古韦赖苏德

阿拉克

泽德内斯山
500

韦冈站

瓦兰堡

提杰陶温

因阿姆盖

塔哈

毛里塔尼亚　撒

陶代尼

哈

阿德拉尔纳哈莱特

拉

塔曼拉塞

尹朱班沙漠

穆赫塔尔堡

乌扎勒井

MAURITANIA

阿图伊拉沙漠

S

马

泰萨利特

因盖扎姆

姆赖耶沙漠

劳尼

阿瓦纳沙漠

里

伊福拉斯高原

MALI

阿扎瓦克河谷

阿尤恩阿特鲁斯

丙马

马里
MALI

通布图
(廷巴克图)

加奥
Gao

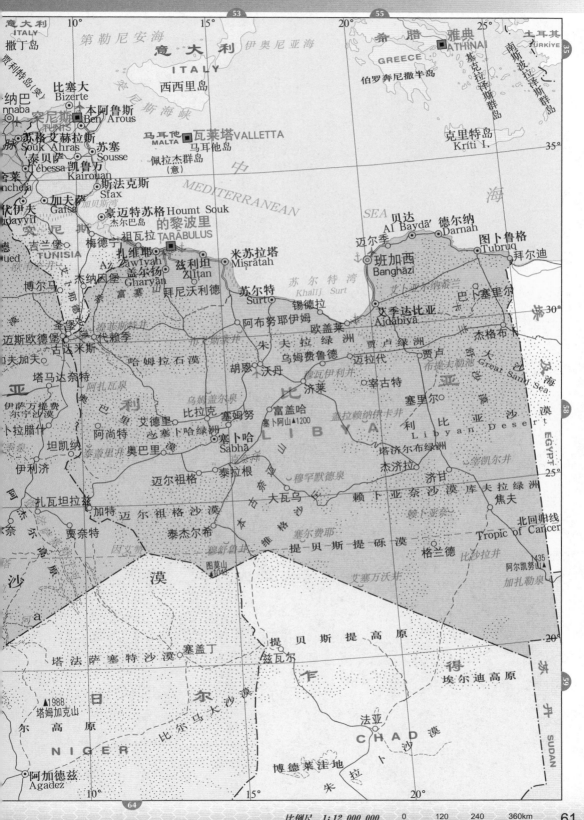

意大利
ITALY
撒丁岛

第勒尼安海
伊奥尼亚海
希腊
GREECE
雅典
ATHINAI
土耳其
TÜRKİYE
南斯波拉泽斯群岛

伯罗奔尼撒半岛

基克拉泽斯群岛

比塞大
Bizerte
纳巴
nnaba
本阿鲁斯
Ben Arous
尼斯
IS
苏格艾赫拉斯
Souk Ahras
泰贝萨
Tébessa
莱
nchela
加夫萨
Gafsa
伏伊夫
dayyif

西西里岛
斯海峡

意 大 利
ITALY

马耳他
MALTA
瓦莱塔 VALLETTA
马耳他岛
佩拉杰群岛
(意)

克里特岛
Kríti I.

斯法克斯
Sfax
凯鲁万
Kairouan
豪迈特苏格 Houmt Souk
祖瓦拉
的黎波里
TARABULUS

梅德宁
扎维耶
Az Zawiyah
兹利坦
Zlitan
米苏拉塔
Mişrātah

贝达
Al Bayḑā'
德尔纳
Darnah
迈尔季
班加西
Banghāzī
图卜鲁格
Tubruq
拜尔迪

吉兰堡
木纳因堡
盖尔扬
Gharyān
富塞
拜尼沃利德
苏尔特
Surt
锡德拉
苏尔特湾
Khalīj Surt
艾季达比亚
Ajdabiya
巴卜塞里尔

博尔马
金堡
代赖季
阿布努耶伊姆
欧盖莱
朱 夫 拉 绿 洲
贾卢绿洲
杰格布

迈斯欧德堡
古达米斯
夫加夫
哈姆拉石漠
乌姆费鲁德
迈拉代
贾卢
布捷夫勒池
大

塔马达奈特
伊萨万提费
尔宁沙漠
卜拉腊什
泉
坦凯纳
伊利济
扎瓦坦拉兹
奈

阿扎瓦泉
巴
利
里
艾德里
阿尚特
泰盖里井
奥巴里
'Awbārī
迈尔祖格
泰杰尔希
因艾费
图莫山
1043

乌姆盖尔泉
比拉克
塞姆努
塞卜哈绿洲
塞卜哈
Sabhā
泰拉根

胡恩
沃丹
瓦瓦伊利井
济莱
富盖哈
塞卜阿山▲1200
比
亚
塞古特
塞里尔
利
比
亚
沙
漠
Libyan Desert

大瓦乌
乌
沙
拉
维
塞尔费耶
提-贝-斯-提-砾-漠
格兰德

盖拉赖纳伊卡井
塔济布尔绿洲
杰济拉
济甘
赖卜亚奈沙漠
赖卜亚奈
库夫拉绿洲
焦夫

大
沙
漠
Great Sand Sea

塞凯尔井

阿尔凯努山▲1435
加扎勒泉

北回归线
Tropic of Cancer

塔法萨塞特沙漠
塞盖丁
兹瓦尔
提 贝 斯 提 高 原

埃尔迪高原

▲1988
塔姆加克山
阿加德兹
Agadez
尔
高
原
NIGER

日

尔
马
大
沙
漠

卡
CHAD
沙

博德莱洼地
尔
提
漠

苏丹
SUDAN

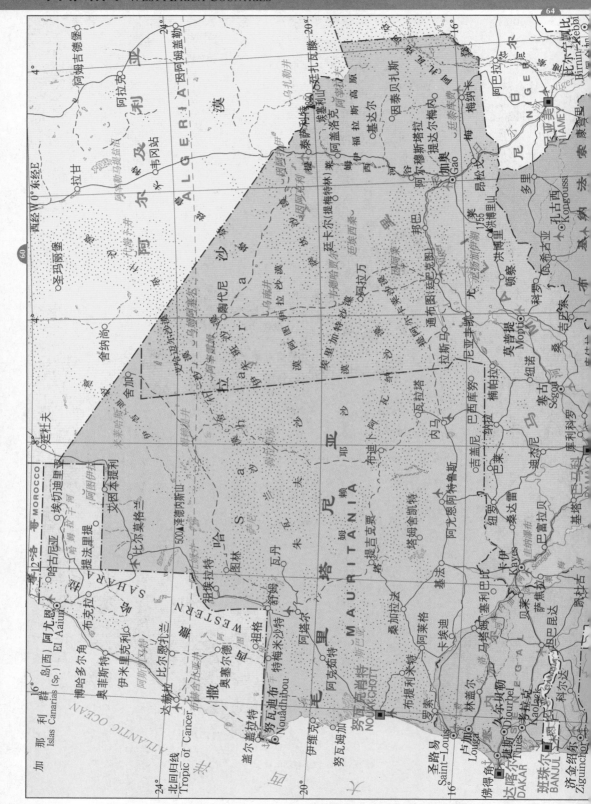

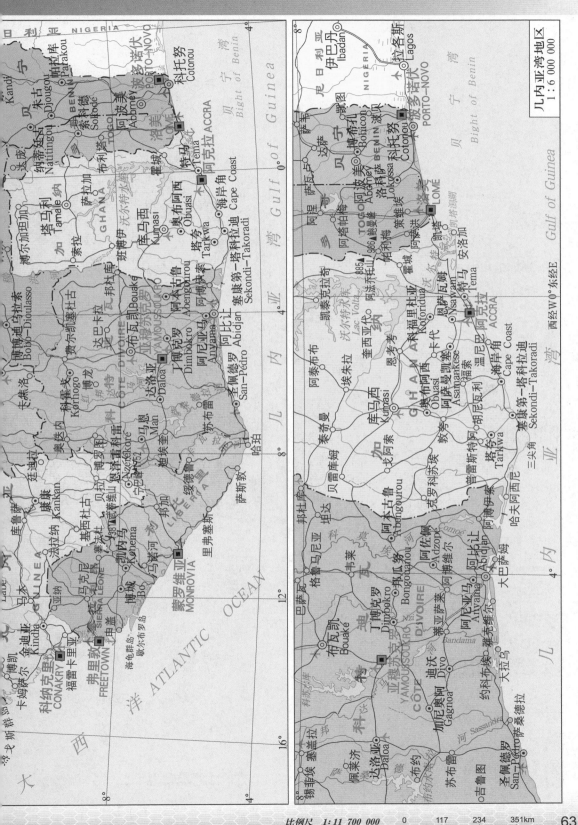

几内亚湾地区
1:6 000 000

比例尺 1:11 700 000   0   117   234   351km

63

西经W 0° 东经E

萨菲亚石漠
陶代尼

乌南井

阿图伊拉沙漠

萨奈兹鲁夫特

提莱姆西河谷

撒哈尔加尔高原
阿哈加尔

哈
a

阿 尔 及 利 亚
ALGERIA

乌扎勒井

阿泰井

巴塔代拉

塔法萨塞特沙漠

塞

20°

廷卡尔
(提梅特林)

韦德哈贾尔

提阿尔古艾莱沙漠

马
里
MALI

阿宰拉夫河

廷泰库莱

阿扎瓦克河谷

阿伊尔特

1988
塔姆加克山

阿伊尔高原

法希

提米亚

阿克雷雷卜

泰内雷沙漠

阿湖古尔

埃尔梅基

阿加德兹 Agadez

日

NIGER

阿内斯巴坦
阿扎瓦克河谷

塞吉丹泰苏姆

塔萨拉

埃什卡尔

泰尔米
迪

图博里

通布图(廷巴克图)

加奥
Gao

廷泰库贝

塔尔塞代特

蒂莱姆塞斯

巴拉姆

阿巴拉克

塔努特

布尔图姆

莫普提
Mopti

蒂拉贝里

泰巴拉姆

塔瓦
Tahoua

邦库库

多贡杜奇

马达瓦

津德尔
Zinder

古雷

尼亚美
N'AMEY

瓦希古亚

多索

比尔尼恩孔尼

科托

马拉迪
Maradi

卡齐纳
Katsina

古梅尔

恩古鲁

达马图

布 基 纳 法 索
BURKINA FASO

瓦加杜古
OUAGADOUGOU

穆

基尔塔希

索科托
Sokoto

古绍
Gusau

卡诺
Kano

科马杜古

博博迪乌拉索
Bobo Dioulasso

洪

比尔宁凯比
Birnin-Kebbi

扎里亚
Zaria

波蒂斯库姆

贡贝
Gombe

纳蒂廷古
Natitingou

卡因吉水库

孔塔戈拉

卡杜纳
Kaduna

包奇
Bauchi

库莫
Kumo

塔马利
Tamale

新布萨

乔斯
Jos

贝

宁

尼

日

利

亚

加
纳
GHANA

明纳
Minna

福

Benue

科特迪瓦
CÔTE D'IVOIRE

沃尔特水库

多哥
TOGO

贝宁
BENIN

伊洛林
Ilorin

阿布贾
ABUJA

拉菲亚
Lafia

福格尔峰 2042
阿

贝利

伊巴丹
Ibadan

奥绍博
Osogbo

Niger

库马西
Kumasi

科托努
Cotonou

阿贝奥库塔
Abeokuta

洛科贾
Lokoja

马库尔迪
Makurdi

NIGERIA

马

蒂

喀

阿比让
Abidjan

洛美
LOME

波多诺伏
PORTO-NOVO

拉各斯
Lagos

奥尼查
Onitsha

埃努古
Enugu

巴门达
Bamenda

阿克拉
ACCRA

贝宁城
Benin City

奥韦里
Owerri

阿巴
Aba

巴富萨姆
Bafoussam

CAMB

塞康第-塔科拉迪
Sekondi-Takoradi

哈科特港
Port Harcourt

昆巴
Kumba

喀麦隆火山 4070

杜阿拉
Douala

恩图巴

贝 宁 湾
Bight of Benin

尼日尔河口

比奥科岛

马拉博
MALABO

埃代阿

雅温
YAOUN

几   **内**   **亚**   **湾**

普林西比岛

G. of Guinea

圣多美和普林西比
SAO TOME AND PRINCIPE

埃博洛瓦

米科梅森

赤道几内亚
EQUATORIA
GUINEA

加
GAB

姆比尼

恩索克

0°   5°   10°

62

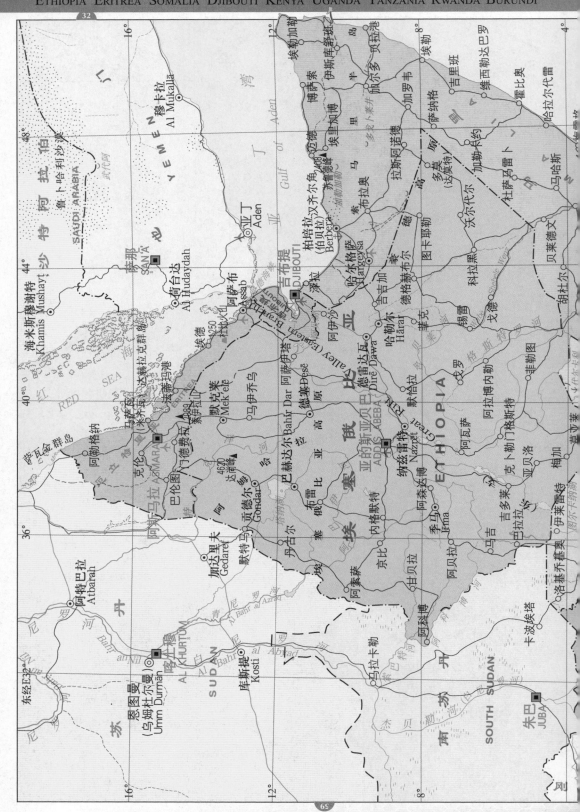

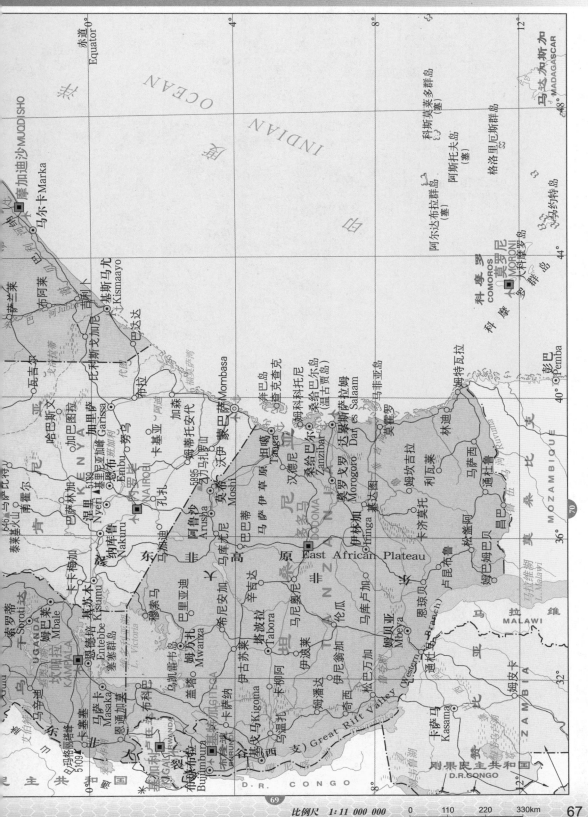

I N D I A N　O C E A N

马达加斯加
MADAGASCAR

科斯莫莱多群岛(塞)

阿斯托夫岛(塞)

格洛里厄斯群岛

阿尔达布拉群岛(塞)

科摩罗
COMOROS

莫罗尼
MORONI
昂儒昂岛

摩加迪沙 MUQDISHO

摩 马尔卡 Marka
巴阿莱 布阿莱

朱巴

基斯马尤 Kismaayo
巴达达

肯 尼 亚
KENYA

哈巴斯瓦
加巴图拉

加里萨 Garissa

蒙巴萨 Mombasa

桑给巴尔岛
奔巴岛
桑给巴尔 Zanzibar

彭巴 Pemba

莫桑比克
MOZAMBIQUE

内罗毕 NAIROBI

阿鲁沙 Arusha

莫希 Moshi

坦噶 Tanga

达累斯萨拉姆
Dar es Salaam

桑给巴尔 Zanzibar

乌 干 达
UGANDA

坎帕拉 KAMPALA

恩德培 Entebbe

多多马 DODOMA

East African Plateau

坦 桑 尼 亚
TANZANIA

姆万扎 Mwanza

塔波拉 Tabora

伊 林 加 Iringa

姆贝亚 Mbeya

卢旺达 RWANDA

基加利 KIGALI

布隆迪 BURUNDI

布琼布拉 Bujumbura

基戈马 Kigoma

基特加 GITEGA

大 裂 谷 Great Rift Valley

卡萨马 Kasama

马 拉 维
MALAWI

刚果民主共和国
D. R. CONGO

赞 比 亚
ZAMBIA

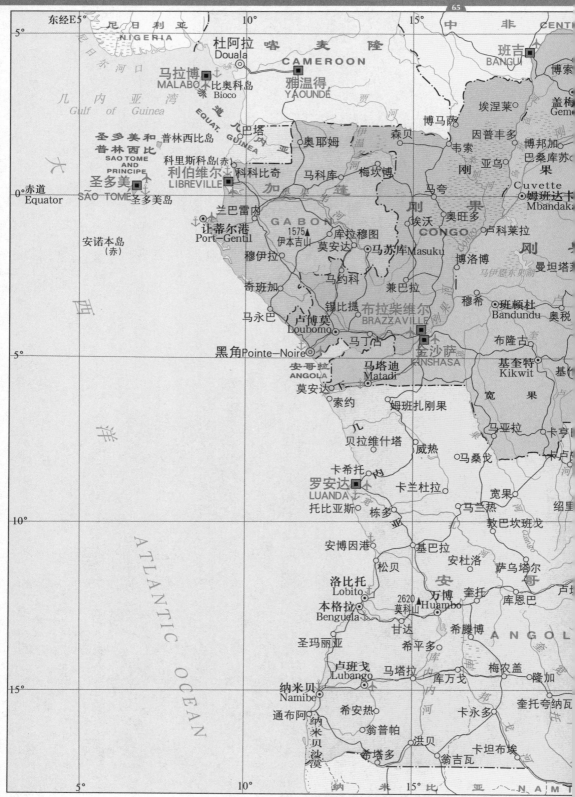

65

东经E5°   10°   15° 中 非 CENTI

5° 尼 日 利 亚

NIGERIA

杜阿拉 喀 麦 隆 班吉

Douala CAMEROON BANGU 博索

马拉博 比奥科岛 雅温得 埃涅莱 盖梅

MALABO Bioco YAOUNDE Geme

Bioco 博马萨

几 内 亚 湾 森贝 因普丰多 博邦加

Gulf of Guinea 韦索 巴桑库苏

圣多美和 普林西比岛 巴塔 奥耶姆 梅坎博 刚 亚乌 果

普林西比 科里斯科岛(赤) 科科比奇 马科库 姆班达卡

SAO TOME AND PRINCIPE 利伯维尔 Cuvette

利伯维尔 科比 姆班达卡

LIBREVILLE 加 埃沃 奥旺多 卢科莱拉 Mbandaka

圣多美 0°赤道 兰巴雷内 刚 果

SÃO TOME Equator GABON 库拉穆图 马苏库Masuku

圣多美岛 让蒂尔港 1575 博洛博 刚

安诺本岛 Port-Gentil 伊本吉山 莫安达 马苏库Masuku 曼坦塔基

(赤) 穆伊拉 马约科 兼巴拉 穆希 班顿杜 奥税

大 奇班加 锡比提 布拉柴维尔 Bandundu

马永巴 卢博莫 BRAZZAVILLE 布隆古

Loubomo 金沙萨 基奎特

5° 黑角Pointe-Noire 马丁古 KINSHASA Kikwit 基

安哥拉 马塔迪 宽

ANGOLA Matadi 果

莫安达 姆班扎刚果 马亚拉 卡亨

索约 威热 马桑戈 卡卢

贝拉维什塔 宽果

西 卡希托 卡兰杜拉 绍里

罗安达 托比亚斯 栋多 马兰热 安

LUANDA 敦巴坎班戈 哥

安博因港 基巴拉 安杜洛 萨乌塔尔

松贝 洛比托 万博 奎托 库恩巴

Lobito 2620莫科山 Huambo 希滕博

本格拉 甘达 希平多 库

10° Benguela 圣玛丽亚 梅农盖 隆加

卢班戈 马塔拉 库万戈 奎托夸纳瓦

纳米贝 Lubango 卡永多

Namibe 希安热

通布阿 翁普帕

希塔多 洪贝 卡坦布埃 翁吉瓦

15° 纳 米 比 15° 比 纳 NAM

ATLANTIC OCEAN

洋

比例尺 1:12 000 000   0   120   240   360km

阿尔达布拉群岛(塞)　　　圣皮埃尔岛(塞)
阿桑普申岛　科斯莫莱多群岛(塞)　塞尔夫岛
(塞)　　　阿斯托夫岛　　　法夸尔群岛
(塞)　　　(塞)

格洛里厄斯群岛

热塞浅滩

藻德济
马约特岛
S

昂布尔角
安齐拉纳纳
Antsiranana

安比卢贝
贝岛　达赖纳
阿努鲁灿加纳
贝阿拉纳纳
马鲁穆库特鲁山
▲2876
安楚希希　桑巴瓦

马哈赞加　　马聪达卡纳
Mahajanga　曼皮库尼　马鲁安采特拉
阿拉拉哈　马鲁武戈　曼德里察拉
马埃瓦塔纳纳　苏阿涅拉纳　伊翁古
穆拉费努贝　安巴通德　布拉哈岛
拉扎卡　费罗阿里武－阿齐纳纳纳
塔那那利佛　图阿马西纳
ANTANANARIVO　Toamasina

米亚里纳里武　马达加斯加岛
安齐拉贝　Madagascar
Antsirabe　马哈努鲁
哈布　努西瓦里卡
菲亚纳兰楚阿　安布西特拉
Fianarantsoa
贝鲁鲁哈　安巴拉沃
伊胡西　马纳卡拉
贝特鲁卡　法拉凡加纳
贝内尼特拉　万加因德拉努
马南泰尼纳
基利　陶拉尼亚鲁
安布文贝
玛丽角

马埃岛
1 : 930 000

北角　马卡贝
维多利亚　　塞安妮岛
VICTORIA　塞尔夫岛
塞　舌　尔
40′　马埃岛　喀斯喀特
Mahe I.
SEYCHELLES
塔卡马卡
南角

塞舌尔群岛
维多利亚
VICTORIA　马埃岛
Mahe I.
普瓦夫尔群岛
讷夫岛　普拉特岛
阿方斯岛　奎蒂维岛
SEYCHELLES
INDIAN OCEAN

阿尔达布拉群岛　圣皮埃尔岛　普罗维登斯群岛
塞尔夫岛
科斯莫莱多群岛　法夸尔群岛

塞舌尔
1 : 14 000 000

特罗姆兰岛

卡加多斯－卡拉若斯群岛
(毛)

INDIAN OCEAN

毛里求斯
MAURITIUS
圣但尼　路易港
ST.DENIS　PORT LOUIS
留尼汪(法)
REUNION(Fr.)
留尼汪岛
I. de la Réunion

马斯克林群
Mascarene Is.

南回归线
Tropic of Capricorn

米察米乌利　大科摩罗岛
Grande Comore I.
莫罗尼
MORONI　▲2361
卡尔塔拉山
丰布尼
科　摩　罗
COMOROS
汉巴
莫埃利岛
伊察米亚

大科摩罗岛
1 : 3 200 000

留尼汪(法)
1 : 2 200 000
INDIAN OCEAN
圣但尼
ST.DENIS　留尼汪岛
I. de la Réunion
加莱角
勒波尔　圣安德烈
内日峰
圣保罗　▲3069　圣伯努瓦
Saint-Paul　留尼汪(法)
REUNION(Fr.)
圣勒　富尔泰斯火山
2631
圣皮埃尔
圣约瑟夫　圣菲利普

毛里求斯
1 : 2 200 000
塞尔邦岛
弗拉特岛　圆岛
马勒勒角
路易港
PORT LOUIS　格朗德贝
弗拉克中心村
罗斯希尔
Rose Hill
居尔皮普　毛里求斯
Curepipe　MAURITIUS
▲827　马埃堡
小黑河峰
苏亚克

卢萨卡
LUSAKA
30°
费 芬圭
35°
马拉维
MALAWI
太特
Tete
40°
15°
楠普拉
Nampula

MOZAMBIQUE

卡年巴
奇龙杜

卡霍拉巴萨水库

Z A M B I A

文斯顿)
aramba
ngstone)

宾加

奇诺伊 宾杜拉 穆托科

奇通圭扎
Chitungwiza

哈拉雷
HARARE

卡亚

克利马内
Quelimane

莫西奥图尼亚瀑布
(维多利亚瀑布)

戈奎

德特

卢帕内

布拉瓦约
Bulawayo

圭鲁
Gweru

马尼德拉 尼尼扬加尼山
2592

穆塔雷
Mutare

纳塔

图图梅
Tutume

ZIMBABWE

马斯温戈

加宾加山 2436

贝拉
Beira

弗朗西斯敦
Francistown

关达

楠迪米尔

20°

博博农
Botlonong

鲁滕加

Save
河

印度礁

瓦
纳

罗韦
erowe

帕拉佩

拜特布里奇

欧罗巴岛

佩

马哈拉佩
Mahalapye

路易·特里哈特

蓬达米利亚

Limpopo
河

赞

比
西

哈博罗内
GABORONE

法尔瓦特

波洛夸内
Polokwane

Olifant
河

伊尼扬巴内
Inhambane

洛巴策

内尔斯普雷特
Nelspruit

科马蒂普特

赛赛
Xai-Xai

25°

马巴托

比勒陀利亚
PRETORIA

姆巴巴内
MBABANE

马普托 MAPUTO

约翰内斯堡
Johannesburg

萨索尔堡
Sasolburg

曼齐尼 Manzini

克龙斯塔德
Kroonstad

马达代尼
Madadeni

斯威士兰
ESWATINI

恩赫兰加诺

科姆
kom

伯利恒

莱迪史密斯

贝库祖卢

乌伦迪

圣卢西亚湖

方丹
nfontein

马塞卢
MASERU

彼得马里茨堡
Pietermaritzburg

INDIAN OCEAN

贝洛
habelo

莱索托
LESOTHO
塔巴纳恩特莱尼亚纳山 3482

德班 Durban

30°

AFRICA
河
Orange

古廷

马塔蒂勒

乌姆拉济
Umlazi

斯托姆贝赫
脉

麦克利尔

比绍

东伦敦
East London

乌姆塔塔
Umtata

姆丹察内
Mdantsane

丽莎白港
ort Elizabeth

印
度
洋

莫桑比克海峡
Mozambique Channel

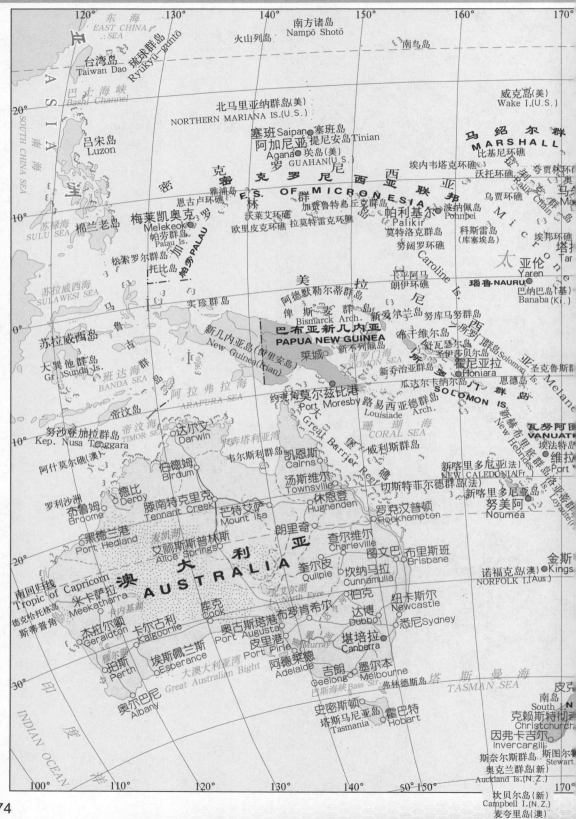

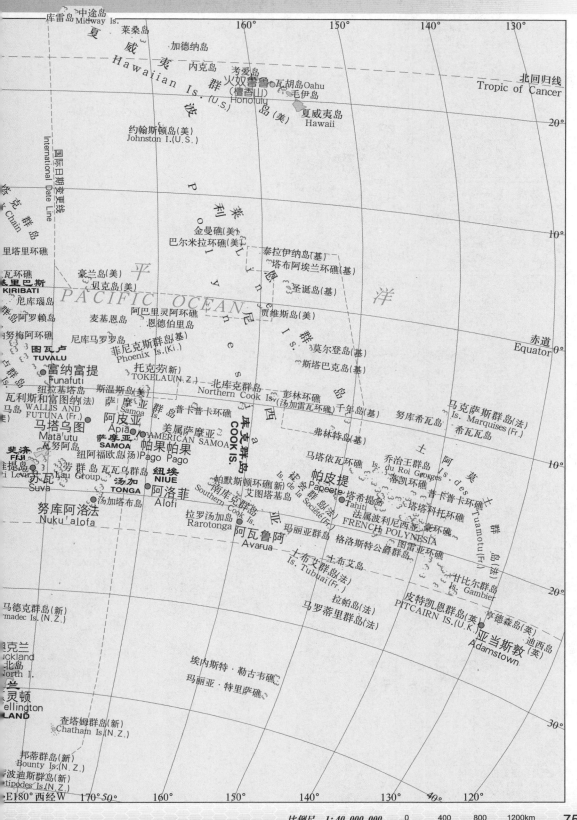

库雷岛 Midway Is. 中途岛

夏

莱桑岛

加德纳岛

威

内克岛

夷

尧爱岛

火奴奴雷鲁 瓦胡岛 Oahu

群 （檀香山） 毛伊岛

Honolulu

Hawaiian Is. (U.S.)

夏威夷岛

Hawaii

北回归线

Tropic of Cancer

20°

约翰斯顿岛(美)

Johnston I.(U.S.)

国际日期变更线

International Date Line

莱

克

群

岛

Chain

里塔里环礁

瓦环礁

基里巴斯

KIRIBATI

尼库瑙岛

阿罗赖岛

努梅阿环礁

图瓦卢

TUVALU

古群岛

瓦利斯和富图纳(法)

WALLIS AND

FUTUNA (Fr.)

马塔乌图

Mata'utu

斐济

FIJI

维提岛

i Levu Fr.

苏瓦

Suva

努库阿洛法

Nuku'alofa

豪兰岛(美)

贝克岛(美)

麦基恩岛

平

洋

金曼礁(美)

巴尔米拉环礁(美)

泰拉伊纳岛(基)

塔布阿埃兰环礁(基)

圣诞岛(基)

PACIFIC OCEAN

贾维斯岛(美)

Po

ly

ne

si

a

Li

ne

莫尔登岛(基)

斯塔巴克岛(基)

10°

赤道

Equator

阿巴里灵阿环礁

恩德伯里岛

尼库马罗罗岛

菲尼克斯群岛(基)

Phoenix Is.(Ki.)

托克劳(新)

TOKELAU(N.Z.)

群

Is.

富纳富提

Funafuti

斯温斯岛

萨

摩

亚

普卡普卡环礁

北库克群岛

Northern Cook Is.

彭林环礁

（汤加雷瓦环礁）

千年岛(基)

努库希瓦岛

马克萨斯群岛(法)

Is. Marquises (Fr.)

希瓦瓦岛

阿皮亚

Apia

美属萨摩亚

萨摩亚

AMERICAN SAMOA

COOK IS.

弗林特岛(基)

SAMOA

努阿岛

库

克

群

岛

帕果帕果

Pago Pago

马塔依瓦环礁

乔治王群岛

Is. du Roi Georges

阿

土

Is. des

蒂凯环礁

普卡普卡环礁

劳群岛

Lau Group

汤加

TONGA

纽埃

NIUE

阿洛菲

Alofi

帕默顿环礁(新)

南库克群岛

Southern Cook

艾图塔基岛

社

Is.

拉

群

帕皮提

Papeete

塔希提岛

Tahiti

塔塔科托环礁

莫环礁

基

土

群

塔库岛

Tuamotu(Fr.)

阿塔布岛

阿洛菲

Alofi

拉罗汤加岛

Rarotonga

阿瓦鲁阿

Avarua

岛

Is. de la Société

法属波利尼西亚

FRENCH POLYNESIA

玛丽亚群岛

格洛斯特公爵群岛

图雷亚环礁

群

岛

(法)

甘比尔群岛

Is. Gambier

20°

土布艾群岛(法)

Is. Tubuai(Fr.)

土布艾岛

拉帕岛(法)

马罗蒂里群岛(法)

皮特凯恩群岛(英)

PITCAIRN IS.(U.K.)

亨德森岛(英)

迪西岛

马德克群岛(新)

madec Is. (N.Z.)

亚当斯敦(英)

Adamstown

奥克兰

uckland

北岛

North I.

兰

灵顿

ellington

LAND

埃内斯特·勒古韦礁

玛丽亚·特里萨礁

30°

查塔姆群岛(新)

Chatham Is.(N.Z.)

邦蒂群岛(新)

Bounty Is.(N.Z.)

波迪斯群岛(新)

tipodes Is.(N.Z.)

E180° 西经W 170° 50° 160° 150° 140° 130° 120° 40°

澳大利亚 巴布亚新几内亚 所罗门群岛 瓦努阿图

科科斯群岛
1:1 000 000

北基灵岛③
97°
印度洋
Cocos Islands (Aus.澳)
12° 12°
INDIAN OCEAN
霍斯堡岛 迪雷克克申岛
班特姆 霍姆岛
Bantam 扎佩洛克岛
西岛 坎布灵岛 南岛
West Island South Island
东经E97°

圣诞岛
1:1 000 000 塞特尔门特东北角
西北角
圣诞岛(澳) 洛角
CHRISTMAS ISLAND(Aus.)
10°
30′ 史密森森角
印度洋
东经E105°30′ 南角 INDIAN OCEAN

布鲁岛 马
布敦岛 鲁
卡伊群岛
班 岛
东经E130° 塞兰岛 阿
塞兰岛 鲁
群
东 岛
岛
南
海 群
古 岛 亚佩罗
新
几
内
亚
New Guinea

LAUT BANDA
印 度 尼 西 亚 INDONESIA
塔宁巴尔群岛
多拉克岛
(约斯·苏达索岛)
弗洛勒斯岛 西 南 群 岛
帝力
DILI 帝汶汶
东帝汶
TIMOR-LESTE 韦塞尔群岛 纽兰拜
欧库西 阿 拉 弗 拉 海
ARAFURA SEA
卡奔塔利亚湾
古邦 梅尔维尔岛 韦
Kupang 帝汶海 格鲁特岛
罗地岛 TIMOR SEA 巴瑟斯特岛 波尔姆普拉岛
卡捷岛(澳) 莫宁顿岛
达尔文 阿纳姆地
Darwin 楠布尔瓦 诺曼
阿什莫尔群岛 约瑟夫·波拿巴湾 基茨港 凯瑟琳 克罗
(澳) 博罗卢拉
斯科特礁 布劳斯岛 温德姆 廷伯克里克 邓马拉 伯克敦
坎马尼亚 滕南特克里克 卡穆威尔
金伯利高原 因弗韦 芒特艾萨
INDIAN OCEAN 德比 戈登当斯 北 部 地 区 达贾拉
伦巴第纳米申 霍尔斯克里克 NORTHERN TERRITORY 昆
罗利沙洲 布鲁姆 芒特多林 士
拉格兰奇 黑德兰港 艾勒朗 布利
Port Hedland 大 沙 沙 漠 齐尔山 亚
罗伯恩 1510▲ 麦 克 唐 奈 山 脉
西 澳 大 利 亚 州 艾丽斯斯普林斯 温
温宁 纽曼 厄尔丹达 辛普森沙漠 伯兹维尔 澳
南回归线 失望湖 大 大
Tropic of Capricorn 帕拉伯杜 吉布森沙漠 尼尔平纳 蒂布
卡那封 纽曼 AUSTRALIA 卡内基 沃伯顿
格拉德斯通 威卢纳 维 多 利 亚 大 沙 漠
德克哈托格岛 米卡萨拉 梅伯尔克里克
阿贾纳 芒特马格尼特 马尔科姆 南澳大利亚州 马里
豪特曼群礁 马勒瓦 纳 拉 伯 平 原 SOUTH
杰拉尔顿 佩伦乔里 卡尔古利 里德 塔库拉 AUSTRALIA 伍默拉
斯 邦尼罗克 Kalgoorlie 库克 盖尔德纳级湖 奥古斯塔港 布罗肯
诺瑟姆 基奇纳 尤克拉 皮农 皮里港
梅里登 诺斯曼 约翰艾尔莫特尔 凯恩卡塔 阿德莱德 米尔
珀斯 Perth 纽德盖特 林肯港 Adelaide
弗里曼特尔 埃斯佩兰斯 坎加鲁岛 泰勒姆本德
班伯里 卡坦宁 勒谢什群岛 (袋鼠岛)
彭伯顿 大 澳 大 利 亚 湾
奥尔巴尼 Great Australian Bight 芒特甘比尔
Albany
印

110° 120° 130° 140°

①澳大利亚首都直辖区
Australian Capital Territory
②杰维斯湾地区行政中心在堪培拉

76

马努斯岛
斯
Bismarck
韦瓦克
吉亚
穆绍岛
麦
群
岛
伊斯麦海
BISMARCK 海
塔巴尔群岛
新爱尔兰岛
拉包尔
东经E168°
诺福克岛(澳)
NORFOLK ISLAND(Aus.)
安森湾
罗基角
本特派恩
Burnt Pine
金斯顿
KINGSTON
菲利普岛 太 平 洋
PACIFIC OCEAN
诺福克岛
1:800 000
168°

巴布亚新几内亚
PAPUA NEW GUINEA
莱城 艾塞加 新不列颠岛 索哈诺
Lae
瓦乌
凯里马
Kerima
图菲
布亚湾
莫尔兹比港
PORT MORESBY
库皮亚诺

努库马努群岛
布干维尔岛
翁通爪哇环礁
舒瓦瑟尔岛
所
罗
门
Solomon
圣伊莎贝尔岛群
伍德拉克岛
新乔治亚群岛
霍尼亚拉
HONIARA
马莱塔岛

当特尔卡斯托群岛
SOLOMON SEA

所
罗
门
海
SOLOMON SEA
瓜达尔卡纳尔岛
伦内尔岛
马基拉岛
恩德岛
(恩代尼岛)
瓦尼科罗岛

路易西亚德群岛 塔古拉岛
奥斯普里礁
珊 瑚 海
CORAL SEA
因迪斯彭瑟布礁

门
群
岛
SOLOMON IS.

蒂科皮亚岛(所)
瓦努阿拉瓦岛
圣埃斯皮里图岛
马拉库拉岛
瓦
努
阿
图
VANUATU

斯格雷夫
库克敦
威利斯群岛
利胡群礁
特里戈斯群岛和群礁
马里恩礁
班普顿群礁(法)
埃文群岛(法)

恩斯
Cairns
英厄姆
恩斯利
分
汤斯维尔
Townsville
鲍恩
麦凯

新
赫
布
里
底
群
岛

埃法特岛
维拉港
PORT VILA

弗雷德里克礁
斯温群礁
罗克汉普顿
Rockhampton
格拉德斯通

当特尔卡斯托礁脉
埃法特岛
新喀里多尼亚(法)
NEW CALEDONIA(Fr.)
新喀里多尼亚岛
普埃博

埃罗芒阿岛
坦纳岛

兰
州
朗里奇
巴卡尔丁
ENSLAND
亚
地(大自流盆地)
水

弗雷泽岛
马里伯勒
南贝洛纳礁
(法)
凯托岛

努美阿
NOUMEA

洋

查尔维尔
图文巴
Toowoomba
布里斯班
Brisbane
黄金海岸
Gold Coast
贡迪温泉
沃里克
米德尔顿礁

威尔士州
SOUTH WALES
罗托
伯克
沃尔格特
韦里斯克里克
宁根
塔里
纽卡斯尔
Newcastle

诺福克岛(澳)
NORFOLK I.(AUS.)

豪勋爵岛(澳)
博尔斯皮拉米德岛
(澳)

拉纳德
尔伯里
Albury
RIA
亚州

悉尼
古尔本
伍伦贡
Wollongong
杰维斯湾地区
JERVIS BAY
TERRITORY

墨尔本
Melbourne

2228
Mt.山
堪培拉
CANBERRA
邦巴拉
奥斯博斯特

TASMANIA
斯坦利
朗塞斯顿
Launceston
霍巴特
Hobart

塔   斯   曼   海
TASMAN SEA

弗林德斯岛

麦夸里岛
1:1 700 000
北角 54°
30'
鲍尔湾
麦夸里岛(澳)
422▲怀特山
塔斯马尼亚州
加罗林湾
西南角 太 平 洋
PACIFIC OCEAN
东经E159°

160°   170°   10°   170°   20°   30°   150°   160°   40°   170°

比例尺 1:20 400 000   0   204   408   612km

77

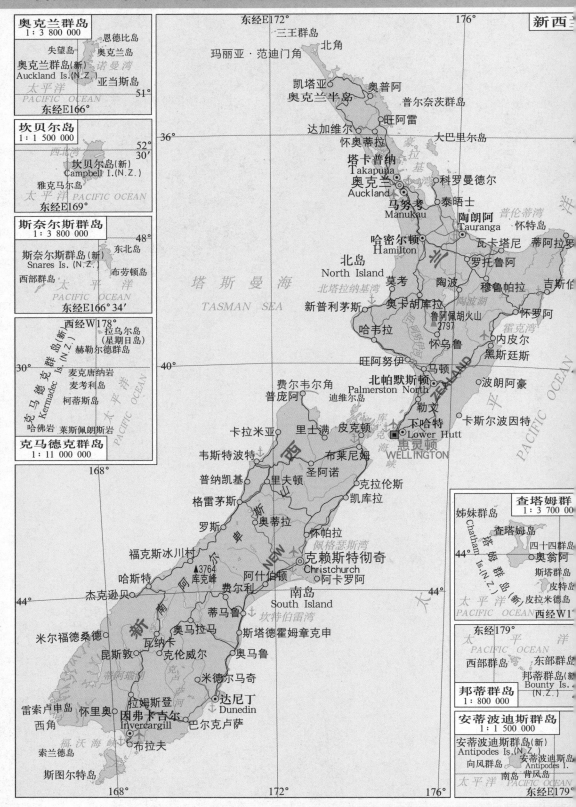

新西兰

奥克兰群岛
1:3 800 000

恩德比岛
失望岛
奥克兰岛
奥克兰群岛(新)
Auckland Is.(N.Z.)
亚当斯岛
诺曼湾
太平洋
PACIFIC OCEAN
东经E166°
51°

坎贝尔岛
1:1 500 000

西北湾
坎贝尔岛(新)
Campbell I.(N.Z.)
雅克马尔岛
太平洋 PACIFIC OCEAN
东经E169°
52°30'

斯奈尔斯群岛
1:3 800 000

东北岛
斯奈尔斯群岛(新)
Snares Is.(N.Z.)
西部群岛
布劳顿岛
太平洋
PACIFIC OCEAN
东经E166° 34'
48°

克马德克群岛
1:11 000 000

西经W178°
拉乌尔岛
(星期日岛)
赫勒尔德群岛
克马德克群岛(新)
Kermadec Is.(N.Z.)
麦克唐纳岩
麦考利岛
柯蒂斯岛
哈佛岩 莱斯佩朗斯岩
太平洋
PACIFIC OCEAN
168°
30°

东经E172°
三王群岛
玛丽亚·范迪门角
北角

凯塔亚
奥普阿
奥克兰半岛
普尔奈茨群岛
达加维尔
旺阿雷
怀奥蒂拉
大巴里尔岛
塔卡普纳
Takapuna
奥克兰
Auckland
科罗曼德尔
马努考
Manukau
泰晤士
哈密尔顿
Hamilton
陶朗阿
Tauranga
怀特岛
瓦卡塔尼
蒂卡拉罗
北岛
North Island
莫考
罗托鲁阿
陶波
穆鲁帕拉
吉斯伯
新普利茅斯
奥卡胡库拉
鲁阿佩胡火山
2797
怀罗阿
哈韦拉
怀乌鲁
霍克湾
内皮尔
黑斯廷斯
旺阿努伊
马顿
北帕默斯顿
Palmerston North
波朗阿豪
塔斯曼海
TASMAN SEA
北塔拉纳基湾

费尔韦尔角
普庞阿
迪维尔岛
勒文
卡斯尔波因特
卡拉米亚
里士满
皮克顿
下哈特
Lower Hutt
韦斯特波特
布莱尼姆
惠灵顿
WELLINGTON
普纳凯基
圣阿诺
里夫顿
格雷茅斯
克拉伦斯
罗斯
奥蒂拉
凯库拉
怀帕拉
福克斯冰川村
佩格瑟斯湾
哈斯特
克赖斯特彻奇
Christchurch
▲3764 库克峰
阿什伯顿
阿卡罗阿
杰克逊贝
费尔利
南岛
South Island
米尔福德桑德
蒂马鲁
坎特伯雷湾
昆斯敦
瓦纳卡
奥马拉马
斯塔德霍姆章克申
克伦威尔
奥马鲁
米德尔马奇
雷索卢申岛
拉姆斯登
达尼丁
Dunedin
西角
怀里奥
因弗卡吉尔
Invercargill
巴尔克卢萨
索兰德岛
布拉夫
斯图尔特岛
福沃海峡
168°
172°
176°
44°
40°
44°

NEW ZEALAND

查塔姆群
1:3 700 00

姊妹群岛
查塔姆岛
Chatham Is.(N.Z.)
四十四群岛
奥翁阿
斯塔群岛
皮特岛
皮拉米德岛
太平洋 PACIFIC OCEAN
西经W1
44°

东经179°
西部群岛
东部群岛
太平洋 PACIFIC OCEAN
邦蒂群岛(新)
Bounty Is.(N.Z.)

邦蒂群岛
1:800 000

安蒂波迪斯群岛
1:1 500 000

安蒂波迪斯群岛(新)
Antipodes Is.(N.Z.)
向风群岛
南岛
安蒂波迪斯岛
Antipodes I.
背风群岛
太平洋 PACIFIC OCEAN
东经E179°

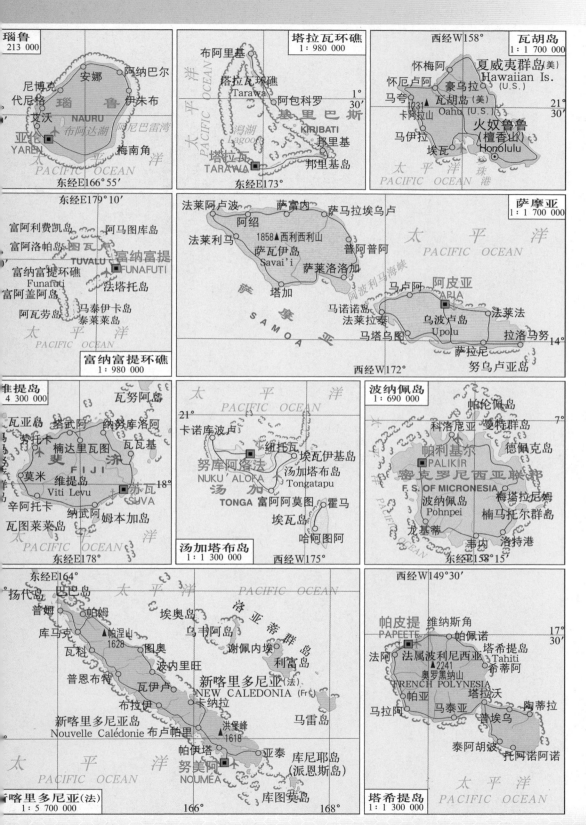

瑙鲁
213 000

布阿里基
塔拉瓦环礁
Tarawa
阿包科罗
1°
30'
基里巴斯
KIRIBATI
邦里基
邦里基岛
塔拉瓦
TARAWA
东经E173°

尼博克
尼鲁
代尼格
艾沃
亚伦
YAREN
安娜
阿纳巴尔
瑙 鲁
伊朱布
NAURU
布阿达湖
阿尼巴雷湾
海南角
东经E166°55'
PACIFIC OCEAN
太 平 洋

塔拉瓦环礁
1:980 000
太 平 洋
PACIFIC OCEAN
泻湖
Lagoon

西经W158°
瓦胡岛
1:1 700 000

怀梅阿
怀尼卢阿
马夸
卡阿拉山
1231
马伊拉
埃瓦
夏威夷群岛(美)
Hawaiian Is.
(U.S.)
豪乌拉
瓦胡岛(美)
Oahu (U.S.)
21°
30'
火奴鲁鲁
(檀香山)
Honolulu
珠 港
太 平 洋
PACIFIC OCEAN

东经E179°10'

富阿利费凯岛
阿马图库岛
富阿洛帕岛
图瓦卢
TUVALU
富纳富提
FUNAFUTI
富纳富提环礁
Funafuti
法塔托岛
富阿盖阿岛
阿瓦劳岛
马泰伊卡岛
泰莱莱岛
太 平 洋
PACIFIC OCEAN

富纳富提环礁
1:980 000

法莱阿卢波
萨富内
萨马拉埃乌卢
阿绍
1858▲西利西利山
法莱利马
萨瓦伊岛
Savai'i
普阿普阿
萨莱洛洛加
塔加
萨
SAMOA
太 平 洋
PACIFIC OCEAN
阿皮亚
APIA
马卢卢岛
法莱法
马诺诺岛
法莱拉泰
乌波卢岛
Upolu
马塔乌图
拉洛马努
萨拉尼
14°
努乌卢亚岛
阿波利马海峡
西经W172°

萨摩亚
1:1 700 000

4 300 000
瓦努阿岛
瓦亚岛
塔武阿
纳努库洛阿
芳托卡
楠达里瓦图
瓦瓦基
斐 济
FIJI
莫米
维提岛
Viti Levu
苏瓦
SUVA
辛瓦托卡
纳武阿
瓦图莱莱岛
姆本加岛
太 平 洋
PACIFIC OCEAN
东经E178°

太 平 洋
PACIFIC OCEAN
21°
卡诺库波卢
纽托瓦
埃基伊基岛
努库阿洛法
NUKU'ALOFA
汤加塔布岛
Tongatapu
汤 加
TONGA
富阿阿莫图
霍马
18°
埃瓦岛
哈阿图阿

汤加塔布岛
1:1 300 000
西经W175°

波纳佩岛
1:690 000
帕伦佩岛
科洛庞亚
曼特群岛
7°
德佩克岛
帕利基尔
PALIKIR
密克罗尼西亚联邦
F.S. OF MICRONESIA
梅塔拉尼姆
波纳佩岛
Pohnpei
楠马托尔群岛
龙基蒂
韦内
洛特港
东经E158°15'
PACIFIC OCEAN

东经E164°
扬代岛
巴巴岛
太 平 洋
PACIFIC OCEAN
普姆
帕姆
埃奥岛
乌韦阿岛
库马克
▲帕涅山
1628
图奥
谢佩内埃
瓦科
波内里旺
利富岛
普恩布特
瓦伊卢
新喀里多尼亚(法)
NEW CALEDONIA (Fr)
布拉伊
卡纳拉
马雷岛
新喀里多尼亚岛
Nouvelle Calédonie
布卢帕里
▲洪堡峰
1618
帕伊塔
亚泰
库尼耶岛
(派恩斯岛)
努美阿
NOUMÉA
太 平 洋
PACIFIC OCEAN
库图莫岛
常亚蒂群岛

新喀里多尼亚(法)
1:5 700 000
166°
168°

西经W149°30'
帕皮提
维纳斯角
PAPEETE
帕佩诺
17°
30'
塔希提岛
Tahiti
法阿
法属波利西亚
希蒂阿
FRENCH POLYNESIA
奥罗黑纳山
▲2241
塔拉沃
帕亚
马泰亚
陶蒂拉
马拉阿
曾埃乌
泰阿胡波
托阿诺阿诺

塔希提岛
1:1 300 000
太 平 洋
PACIFIC OCEAN

79

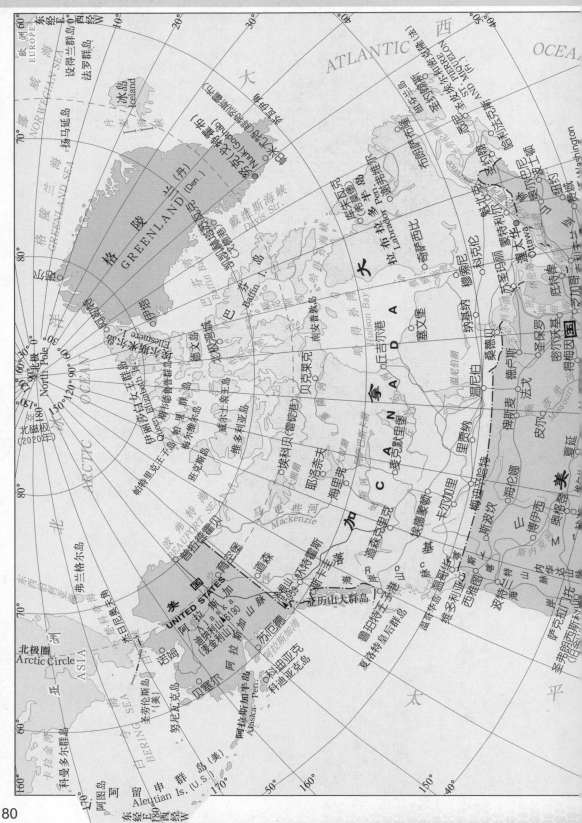

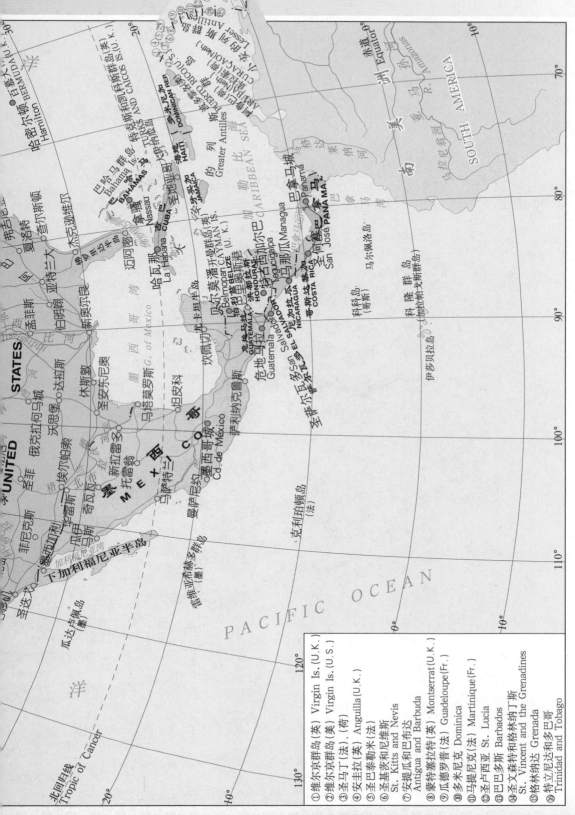

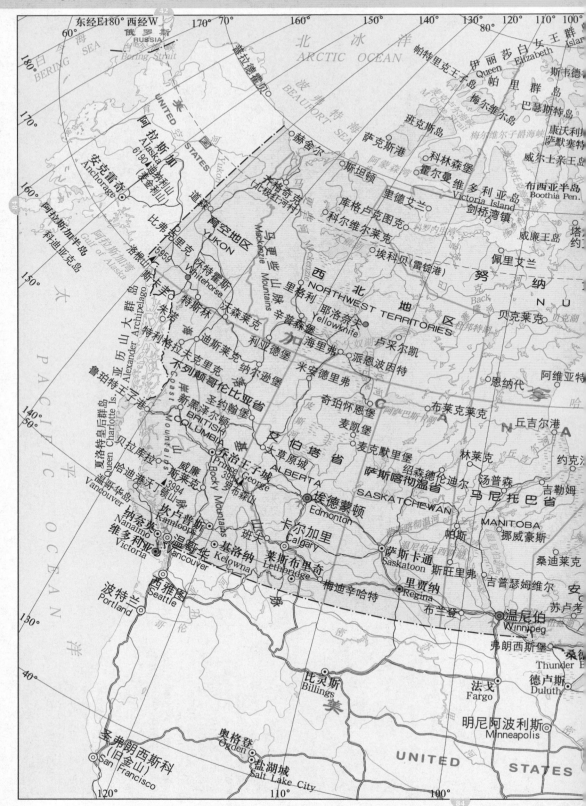

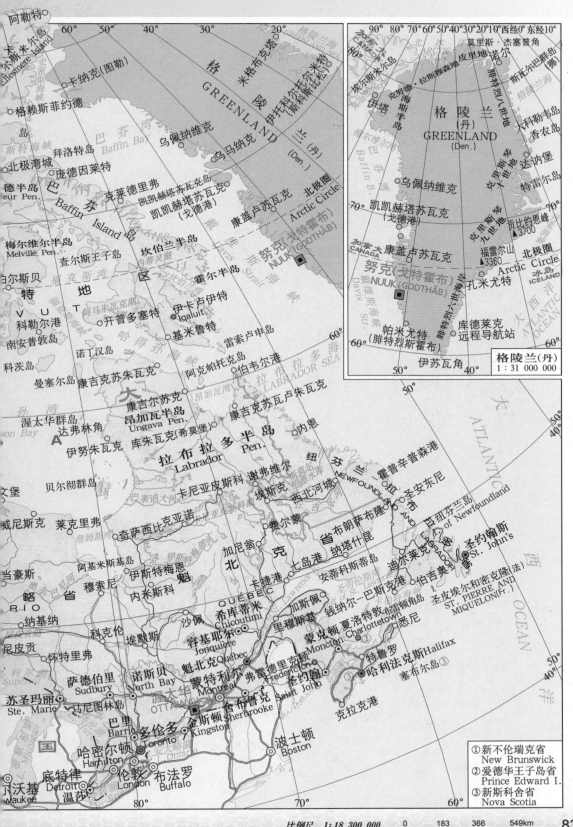

阿勒特
Alert

卡木尔岛
Ellesmere Island

卡纳克(图勒)

格赖斯菲约德

米格布克塔

格　陵

GREENLAND

伊托科尔托尔米特
(斯科斯比松)

兰
(丹)
(Den.)

斯特海峡

巴芬湾
Baffin Bay

拜洛特岛

北极湾城

乌佩纳维克

庞德因莱特

巴

德半岛
eur Pen.

芬

克莱德里弗

乌马纳维克

克莱德里弗

凯凯赫塔苏瓦克

凯凯赫塔苏瓦克
(戈德港)

康盖卢苏瓦克

北极圈
Arctic Circle

梅尔维尔半岛
Melville Pen.

查尔斯王子岛

Island

岛

坎伯兰半岛

蒂灵湖

努克(戈特霍布)
NUUK(GODTHÅB)

霍尔半岛

特

地

开普多塞特

伊卡卢伊特
Iqaluit

乌马朱瓦克湖

科勒尔港

基米鲁特

雷索卢申岛

60°

南安普敦岛

诺丁汉岛

U

T

阿克帕托克岛

伯韦尔港

哈得

科茨岛

曼塞尔岛

康吉克苏朱瓦克

孙

湾
on Bay

渥太华群岛

达弗林角

大

康吉尔苏克

昂加瓦半岛
Ungava Pen.

康吉克苏卢朱瓦克

拉布拉多海
LABRADOR SEA

50°

伊努朱瓦克

库朱瓦克(希莫堡)

拉布拉多半岛
Labrador Pen.

内恩

纽

贝尔彻群岛

卡尼亚皮斯科

谢弗维尔

芬

文堡

埃斯克

西北河城

兰

威尼斯克

莱克里弗

奇萨西比亚诺

费尔蒙

布朗萨布隆

霍普代普森港

圣安东尼

圣约翰斯
St. John's

詹姆斯

加尼翁

纳塔什昆

省

纽芬兰岛
I. of Newfoundland

当豪斯

伊斯特梅恩

卡捷港

七岛港

安蒂科斯蒂岛

迪尔莱克港

伯吉奥

略

穆索尼

魁

内米斯科

北

QUÉBEC

加斯佩

钱纳尔-巴斯克

夏洛特敦

圣皮埃尔和密克隆(法)
ST. PIERRE AND
MIQUELON(Fr.)

RIO

纳基纳

希库蒂米
Chicoutimi

里穆斯基

悉尼

克

苏圣玛丽

沙佩

容基耶尔
Jonquiere

魁北克Québec

蒙克顿
Moncton

夏洛特敦
Charlottetown

特鲁罗

哈利法克斯Halifax

塞布尔岛③

利尔

科克伦

埃勒斯

弗雷德里克顿
Fredericton

克拉克港

怀特里弗

萨德伯里
Sudbury

诺斯贝
North Bay

蒙特利尔
Montreal

圣约翰
Saint John

苏圣玛丽
Ste. Marie

马尼图林岛

巴里
Barrie

渥太华
OTTAWA

金斯顿
Kingston

舍布鲁克
Sherbrooke

国

哈密尔顿
Hamilton

多伦多
Toronto

波士顿
Boston

沃基

底特律
Detroit

温莎

伦敦
London

布法罗
Buffalo

① 新不伦瑞克省
New Brunswick
② 爱德华王子岛省
Prince Edward I.
③ 新斯科舍省
Nova Scotia

莫里斯·杰塞普角

皮里地

诺尔

埃尔斯米尔岛

克努德·拉斯穆森森林地

斯瓦尔巴群岛

伊塔

80°

克里斯蒂八世地

大科勒韦岛

格

香农岛

格

陵

兰
(丹)

GREENLAND
(Den.)

克里斯蒂六世地

达讷堡

特雷尔松

乌佩纳维克

70°

凯凯赫塔苏瓦克
(戈德港)

克里斯蒂六世地

贡比约恩峰
▲3700

福雷尔山
▲3360

北极圈
Arctic Circle

康盖卢苏瓦克

孔米尤特

努克(戈特霍布)
NUUK(GODTHÅB)

帕米尤特
(腓特烈斯霍布)

库德莱克
远程导航站

60°

伊苏瓦角

格陵兰(丹)
1：31 000 000

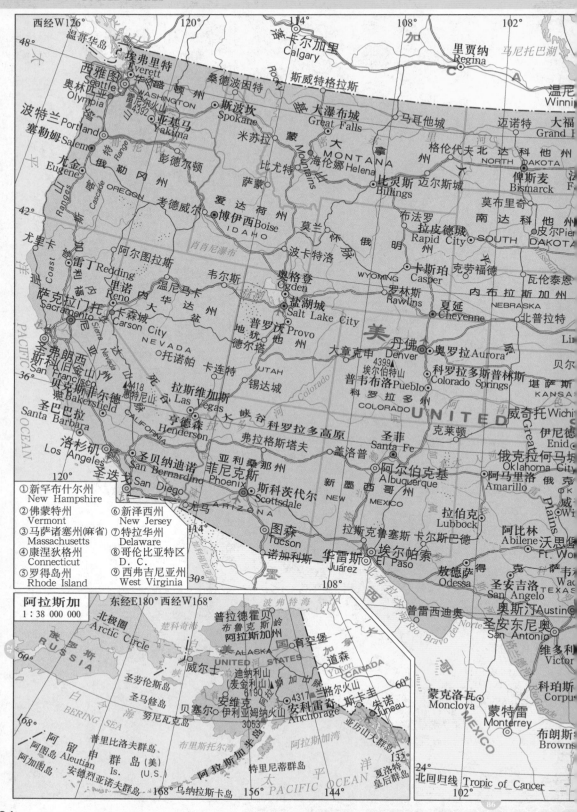

①新罕布什尔州
New Hampshire
②佛蒙特州
Vermont
③马萨诸塞州(麻省)
Massachusetts
④康涅狄格州
Connecticut
⑤罗得岛州
Rhode Island
⑥新泽西州
New Jersey
⑦特拉华州
Delaware
⑧哥伦比亚特区
D. C.
⑨西弗吉尼亚州
West Virginia

阿拉斯加
1:38 000 000

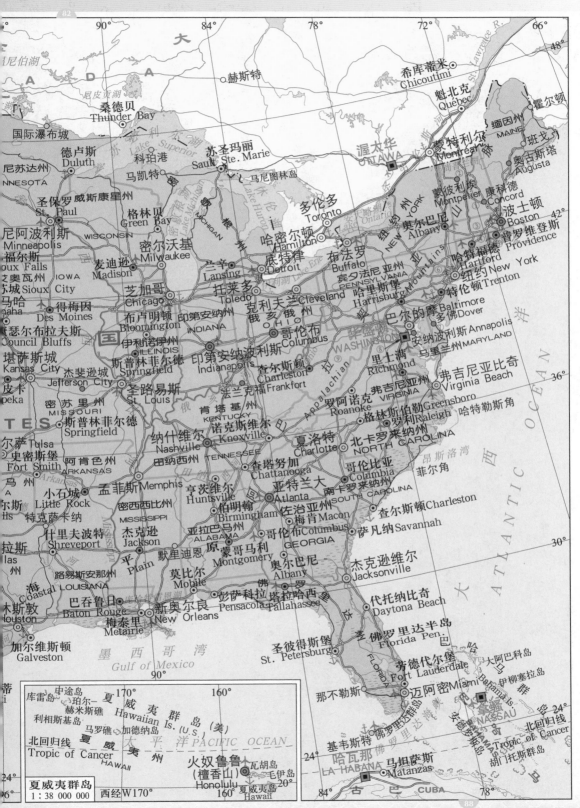

大

加

CANADA

温尼伯湖

90° 84° 78° 72° 66° 48°

赫斯特

尼苏达州 桑德贝 希库蒂米
NNESOTA Thunder Bay Chicoutimi

国际瀑布城 魁北克
Québec

德卢斯 霍尔顿
Duluth 苏圣玛丽 缅因州 班戈
尼苏达州 科珀港 Sault Ste. Marie MAINE
马凯特 奥古斯塔
圣保罗 威斯康星州 马尼图林岛 Augusta
St. Paul WISCONSIN 蒙彼利埃 康科德
尼阿波利斯 格林贝 Montpelier Concord
Minneapolis Green Bay 多伦多 波士顿
福尔斯 密尔沃基 哈密尔顿 Toronto 奥尔巴尼 Boston
oux瓦州 Milwaukee Hamilton Albany 普罗维登斯
Sioux City 麦迪逊 兰辛 底特律 布法罗 Providence
马哈 Madison Lansing Detroit Buffalo 哈特福德 纽约New York
aha 得梅因 芝加哥 托莱多 宾夕法尼亚州 Hartford 特伦顿Trenton
瑟尔布拉夫斯 Des Moines Chicago Toledo 克利夫兰Cleveland PENNSYLVANIA 哈里斯堡 巴尔的摩Baltimore
Council Bluffs 布卢明顿 俄亥俄州 Harrisburg 多佛Dover
堪萨斯城 Bloomington 印第安纳州 OHIO 哥伦布 华盛顿 安纳波利斯Annapolis
Kansas City 伊利诺伊州 INDIANA Columbus WASHINGTON 马里兰州MARYLAND
皮卡 杰斐逊城 ILLINOIS 印第安纳波利斯 里士满
Topeka Jefferson City 密苏里州 斯普林菲尔德 Indianapolis 查尔斯顿 Richmond 弗吉尼亚比奇
圣路易斯 Springfield Charleston 弗吉尼亚州 Virginia Beach
尔萨Tulsa MISSOURI St. Louis 法兰克福Frankfort VIRGINIA
史密斯堡 斯普林菲尔德 肯塔基州 罗阿诺克 格林斯伯勒Greensboro 哈特勒斯角
Fort Smith Springfield KENTUCKY Roanoke 罗利Raleigh
阿肯色州 诺克斯维尔 夏洛特 北卡罗来纳州
马州 ARKANSAS 纳什维尔 Knoxville Charlotte NORTH CAROLINA 昂斯洛湾
小石城 孟菲斯Memphis 田纳西州 查塔努加 菲尔角
Little Rock 亨茨维尔 TENNESSEE Chattanooga 哥伦比亚
尔斯 密西西比州 Huntsville 亚特兰大 Columbia
特克萨卡纳 伯明翰 Atlanta 南卡罗来纳州
马州 Birmingham 佐治亚州 SOUTH CAROLINA 查尔斯顿Charleston
什里夫波特 杰克逊 梅肯Macon 萨凡纳Savannah
Shreveport Jackson 亚拉巴马州 哥伦布Columbus
拉斯 MISSISSIPPI ALABAMA GEORGIA
路易斯安那州 默里迪恩 原 蒙哥马利 奥尔巴尼
海 LOUISIANA Meridian Plain Montgomery Albany 杰克逊维尔
斯敦 巴吞鲁日 莫比尔 Jacksonville
ouston Baton Rouge Mobile 代托纳比奇
加尔维斯顿 梅泰里 新奥尔良 彭萨科拉 塔拉哈西 Daytona Beach
Galveston Metairie New Orleans Pensacola Tallahassee
墨西哥湾 圣彼得斯堡 佛罗里达半岛
Gulf of Mexico St. Petersburg Florida Pen. 劳德代尔堡
90° Fort Lauderdale
那不勒斯 迈阿密Miami

ATLANTIC OCEAN

西

洋

中途岛 170° 160°
库雷岛 珀尔- 夏 威 夷 群 岛 (美)
赫米斯礁 Hawaiian Is. (U.S.)
利相斯基岛
马罗礁 加德纳岛
北回归线 夏 威 大 平 洋 PACIFIC OCEAN
Tropic of Cancer 夷 州
HAWAII 火奴鲁鲁 瓦胡岛
(檀香山) 毛伊岛
24° Honolulu 夏威夷岛
夏威夷群岛 西经W170° Hawaii
1:38 000 000 160°

基韦斯特 佛罗里达群岛

42°

36°

30°

24°

拿骚
NASSAU
北回归线
Tropic of Cancer

哈瓦那 马坦萨斯
LA HABANA Matanzas
84° 古 巴 CUBA 78°

比例尺 1:15 200 000 0 152 304 456km

85

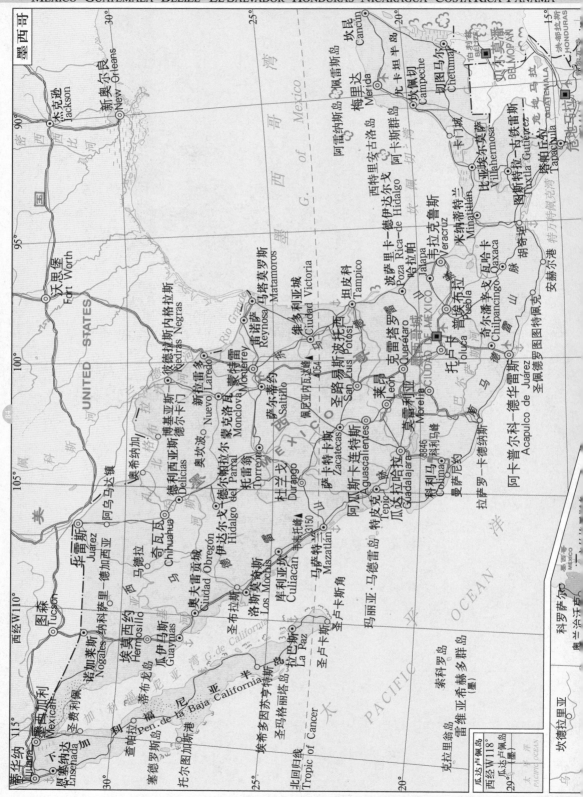

比例尺 1:13 700 000

0   137   274   411km

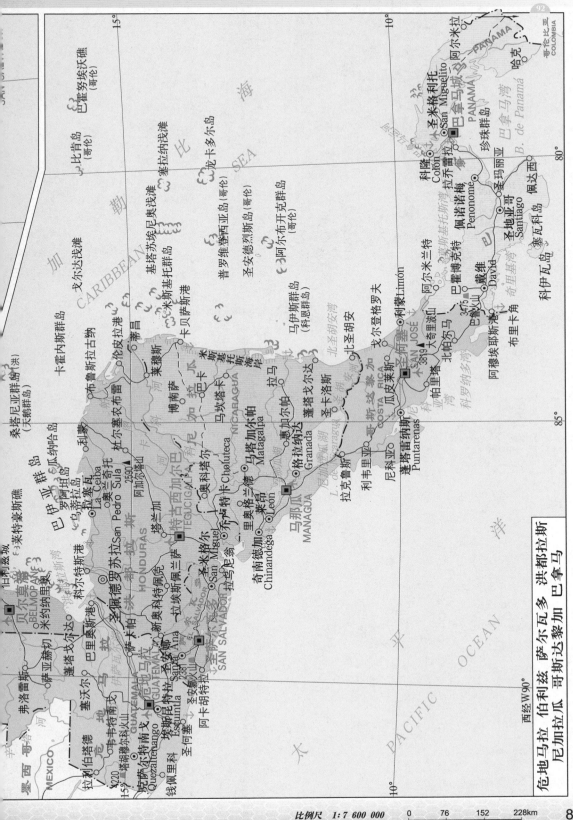

15°

10°

92

哥伦比亚
COLOMBIA

PANAMA

哈克

巴霍努沃沃礁（哥伦）

圣米格利托
巴拿马城San Miguelito
PANAMA

阿尔米拉

科隆
Colón

拉乔雷拉

巴拿马湾
B. de Panamá

珍珠群岛

比肖岛（哥伦）

塞拉纳浅滩

龙卡多尔岛（哥伦）

圣玛丽亚
佩达西

佩诺诺梅
Penonome

圣地亚哥
Santiago

塞瓦科岛

普罗维登西亚岛（哥伦）

圣安德列斯岛（哥伦）

阿尔布克克群岛（哥伦）

基塔苏埃尼奥浅滩

戴维
David

阿尔米兰特
雷博克特
普罗基斯托斯湾
巴卡德罗港

科伊瓦岛

科伊瓦岛

塞拉纳湾
CARIBBEAN SEA

加勒比

戈尔达浅滩

桑塔尼亚群岛（无鹤群岛）

卡霍内斯群岛

珍珠群岛

3475
巴鲁火山

奇里基湾

利蒙Limón

戈尔费拉格夫

科里瓦岛科科

科伊瓦岛

北圣胡安湾

圣何塞
SAN JOSÉ
3819
大国渡山

哥斯达黎加
COSTA RICA

北帕尼马

圣米格尔San Miguel

米斯基托海岸

卡皮拉古港

莱昂Léon

蒂昂

博南萨

拉格洛达

圣卡洛斯

蓬塔戈尔达

尼加拉瓜
NICARAGUA

马那瓜
MANAGUA

格拉纳达
Granada

马塔加尔帕
Matagalpa

惠加尔帕

奥科塔尔

埃斯特利

纳加罗特

利昂

奇南德加
Chinandega

尼加拉瓜湖
L. de Nicaragua

利韦里亚

尼科亚

蓬塔雷纳斯
Puntarenas

拉克鲁斯

乔卢特卡
Choluteca

特古西加尔巴
TEGUCIGALPA

丹利

科马亚瓜

新奥科特佩克

圣安娜
Santa Ana

新圣萨尔瓦多
SAN SALVADOR

萨卡特科卢卡

2381

圣地马利亚

危地马拉
GUATEMALA

科班

埃斯昆特拉
Escuintla

4220

克萨尔特南戈
Quezaltenango

15°

墨西哥
MEXICO

圣克鲁斯德尔基切

韦韦特南戈

托托尼卡潘

拉利伯塔德

弗洛雷斯

萨雅赫切

蓬塔戈尔达

巴拉瓦尔

特拉

拉塞瓦
La Ceiba

圣佩德罗苏拉San Pedro Sula

洪都拉斯
HONDURAS

塔拉

2500
阿瓜斯塔山

科尔特斯港

普拉港

特拉

拉莫斯基托斯群岛

基塔苏埃尼奥浅滩

贝拉古老港

蒂昌

莱姆斯

布鲁斯拉古纳

卡皮拉古港

桑塔尼亚群岛（洪）

伯利兹城

贝尔兹潘
BELMOPAN

米纳纳里奥

来特豪斯礁

卡霍内斯群岛

哥伦

戈尔达浅滩

伯利兹
萨尔瓦多
尼加拉瓜
哥斯达黎加

危地马拉
洪都拉斯
巴拿马

西经W90°

西经W90°

比例尺 1:7 600 000

0   76   152   228km

87

太
平
洋

PACIFIC OCEAN

科伊瓦岛科科

墨西哥湾
G. of Mexico

西经W84°   80°   76°

美 国
UNITED STATES

格兰德群岛 小阿巴科岛
大巴哈马岛 大阿巴科岛

迈阿密
Miami

德赖托图格斯群岛   基韦斯特
马克萨斯群岛
穆埃尔托斯群岛
双头弹群岛
安吉拉群岛

卡特群岛   大哈伯岛
贝里群岛
尼科尔斯镇   新普罗维登斯岛
安德罗斯镇   拿骚
安德罗斯岛   NASSAU
Andros
沃特群岛   马斯贝

伊柳塞拉岛群
罗克桑德
卡特岛
圣萨尔瓦多岛
(华特林岛)
拉姆岛
长岛

北回归线
Tropic of Cancer

哈瓦那
LA HABANA
马里亚瑙
Marianao
比那尔德里奥
Pinar del Río
瓜内
圣安东
尼奥角

萨瓦纳群岛
卡德纳斯Cárdenas
凯瓦连
西恩富戈斯
Cienfuegos
新赫罗纳
特立尼达
青年岛 卡纳雷奥斯群岛

圣克拉拉 莫龙
Santa Clara Morón
谢戈德阿维拉
Ciego de Ávila
卡马圭
Camagüey
南圣克
王后花园群岛 鲁斯
瓜卡纳约 拉斯图纳斯
曼萨尼约 Las Tunas
Manzanillo

大埃克苏马岛
小埃克苏马岛
胡门托斯
群岛
阿克林岛
马亚瓜纳岛
普罗维登西亚莱斯岛
努埃维塔斯 圣多明各岛 普罗维登西亚莱斯岛
奥尔金Holguín 大伊纳瓜岛
马亚里
巴亚莫Bayamo Mayarí
关塔那摩
Guantánamo
圣地亚哥
Santiago de Cuba

Bahama
Islands
克鲁克德岛
普拉纳群岛
北凯科
安伯格里斯
伊斯帕
托尔蒂斯岛
和平港
Port-de-Paix
圣马克
St Marc
HAITI

大 安 的 列 斯 群 岛

开曼群岛(英)
CAYMAN ISLANDS (U.K.)
小开曼岛 开曼布拉克岛
乔治敦 大开曼岛
GEORGE TOWN Grand Cayman

蒙特哥贝
Montego Bay
西班牙镇
Spanish Town
牙买加 安东尼奥港
金斯敦
KINGSTON

热雷米
Jérémie
戈纳夫岛
太子港
PORT-AU-PRINCE
2674

加 勒 比

桑塔尼亚群岛(洪)
(天鹅群岛)

佩德罗群岛(牙)
Pedro Cays(Jam.)
莫兰特群岛
(牙)

Greate

卡霍内斯群岛

戈尔达浅滩

比肯岛
(哥伦)
巴霍努埃沃礁
(哥伦)

海

洪都拉斯
HONDURAS

米斯基托群岛

尼加拉瓜
NICARAGUA

普罗维登西亚岛(哥伦)
拉巴拉
圣安德列斯岛(哥伦)
马伊斯群岛(科思群岛)
阿尔布开克群岛
(哥伦)

龙卡多尔岛

北圣胡安湾

哥斯达黎加
COSTA RICA
利蒙Limón

巴兰基亚
Barranquilla
哥 伦 比 亚
COLOMBIA

80°   76°   72

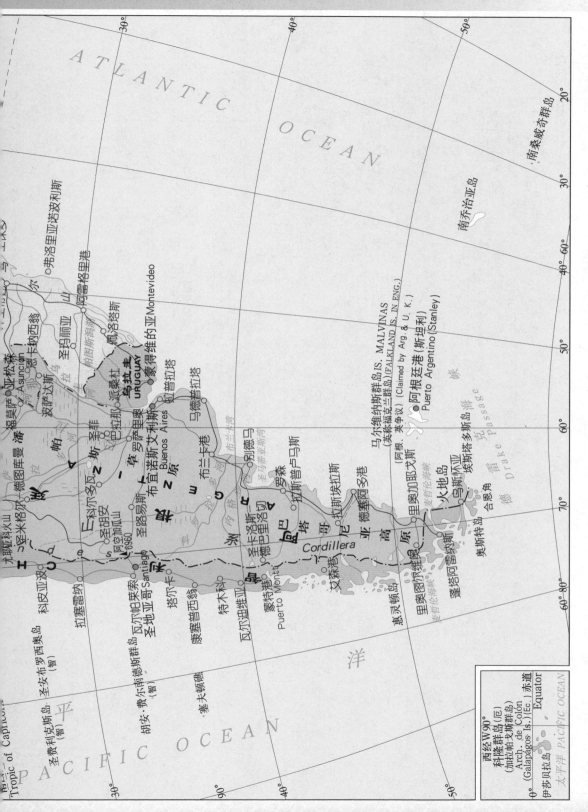

A T L A N T I C

O C E A N

南桑威奇群岛

南乔治亚岛

弗洛里亚诺波利斯

阿雷格里港

圣卡塔利纳岛

圣玛丽亚

阿图斯潟湖

圣玛塔

乌拉圭
URUGUAY
蒙得维的亚 Montevideo

派桑杜

亚松森
Asunción

波萨达斯

马尔维纳斯群岛 IS. MALVINAS
(福克兰群岛)(FALKLAND IS. IN ENG.)
(英阿·英争议) (Claimed by Arg. & U. K.)

阿根廷港 (斯坦利)
Puerto Argentino (Stanley)

巴拉那

圣菲

科连特斯

帕拉纳河

乌拉圭河

布兰卡港

科尔多瓦

草原
Pampa

布宜诺斯艾利斯
Buenos Aires

巴拉那

罗萨里奥

别德马

圣马丁海角

拉斯埃拉斯

德塞阿多港

圣胡安

圣地亚哥
Santiago

圣路易斯

圣罗莎

内格罗河

科尔多瓦山

阿空加瓜山
6960

瓦尔帕莱索

门多萨

圣卡洛斯德巴里洛切

巴塔
哥
尼
亚
高
原

科莫多罗里瓦达维亚

里奥加耶戈斯

埃斯塔多斯岛

乌斯怀亚

火地岛

合恩角

奥斯特岛

Drake Passage
德雷克海峡

德
雷
克
海
峡

Cordillera

科伊艾基

艾森港

蒙特港
Puerto Montt

惠灵顿岛

里奥图尔维奥

里奥图尔维奥海峡

塞塔阿雷纳斯

麦哲伦海峡

塔尔卡

康塞普西翁

瓦尔迪维亚

特木科

蒙特港

塞夫顿礁

尤耶亚科火山

拉塞雷纳

科皮亚波

圣安布罗西奥岛 (智)

圣费利克斯岛 (智)

胡安·费尔南德斯群岛
(智)

瓦尔帕莱索

P A C I F I C   O C E A N

Tropic of Capricorn

P A C I F I C

O C E A N

洋

太平洋 PACIFIC OCEAN

西经 W90°
科隆群岛 (厄)
(加拉帕戈斯群岛)
Arch. de Colón
(Galápagos Is.)(Ec.) 赤道
伊莎贝拉岛   Equator
0°

比例尺 1 : 26 000 000   0   260   520   780km

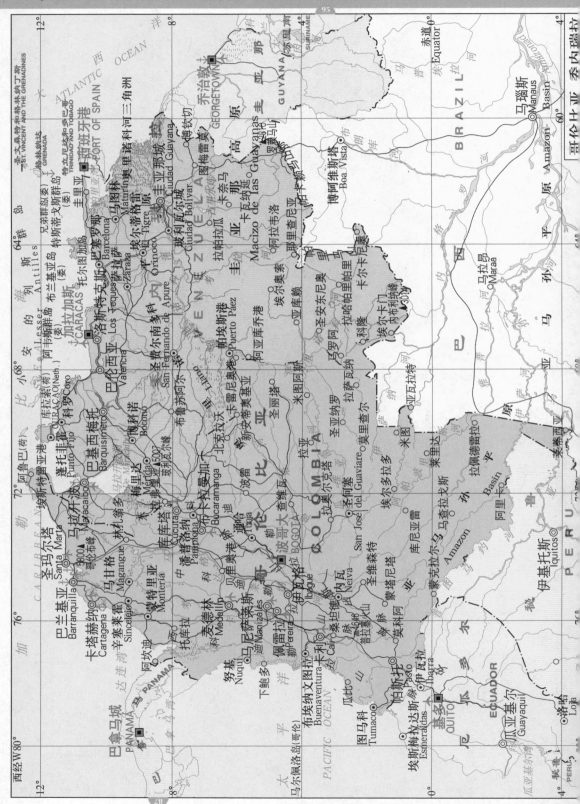

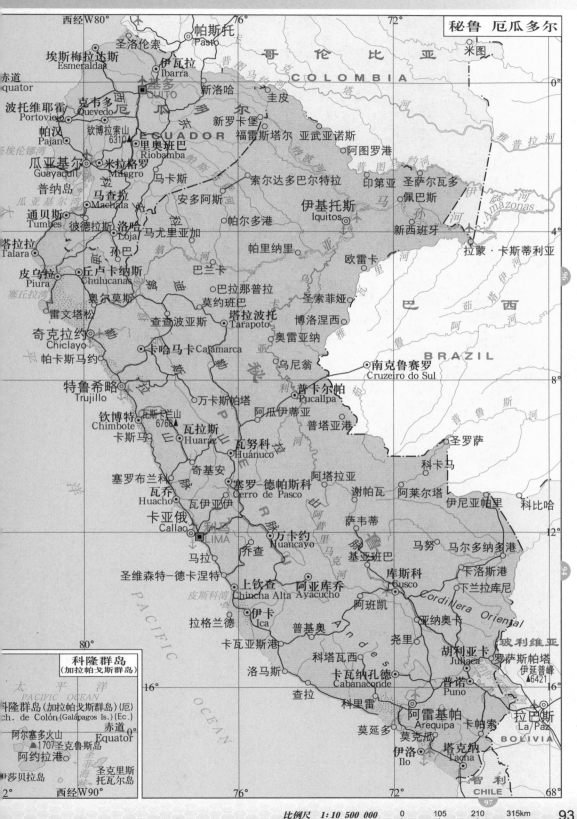

西经W80°　76°　72°

帕斯托 Pasto

圣洛伦索

埃斯梅拉达斯 Esmeraldas

伊瓦拉 Ibarra

哥 伦 比 亚 COLOMBIA

米图

赤道 Equator

基多 QUITO

新洛哈

圭皮

波托维耶雷 Portoviejo

克韦多 Quevedo

厄 瓜 多 尔

新罗卡堡

雅 普 拉 河

帕汉 Pajan

钦博拉索山 6310

ECUADOR

福雷斯塔尔 亚武亚诺斯

里奥班巴 Riobamba

马卡斯

阿图罗港

瓜亚基尔 Guayaquil

米拉格罗 Milagro

索尔达多巴尔特拉

印第亚 圣萨尔瓦多

佩巴斯

普纳岛

马查拉 Machala

安多阿斯

帕尔多港

伊基托斯 Iquitos

新西班牙

瓜亚基尔湾

通贝斯 Tumbes

彼德拉斯 洛哈 Loja

马尤里亚加

帕里纳里

拉蒙·卡斯蒂利亚

塔拉拉 Talara

孙巴

巴兰卡

欧雷卡

4°

皮乌拉 Piura

丘卢卡纳斯 Chulucanas

巴拉那普拉

圣索菲娅

奥尔莫斯

莫约班巴

雷文塔松

塔拉波托 Tarapoto

博洛涅西

巴 西 BRAZIL

奇克拉约 Chiclayo

查查波亚斯

奥雷亚纳

帕卡斯马约

卡哈马卡 Cajamarca

乌尼翁

特鲁希略 Trujillo

南克鲁赛罗 Cruzeiro do Sul

8°

普卡尔帕 Pucallpa

钦博特 Chimbote

瓦斯卡兰山 6768

万卡斯帕塔

阿瓜伊蒂亚

普塔亚港

圣罗萨

卡斯马

瓦拉斯 Huaraz

瓦努科 Huánuco

科卡马

奇基安

塞罗布兰科

阿塔拉亚

谢帕瓦

阿莱尔塔

瓦乔 Huacho

塞罗·德帕斯科 Cerro de Pasco

伊尼亚帕里

科比哈

瓦伊亚伊

萨韦蒂

卡亚俄 Callao

利马 LIMA

万卡约 Huancayo

马努 马尔多纳多港

12°

马拉

乔查

基亚班巴

库斯科 Cusco

下洛斯港

圣维森特-德卡涅特

上钦查 Chincha Alta

阿亚库乔 Ayacucho

卡兰拉库尼

皮斯科湾

阿班凯

亚纳奥卡

拉格兰德

伊卡 Ica

普基奥

尧里

胡利亚卡 Juliaca

波利维亚

卡瓦亚斯港

科塔瓦西

卡瓦纳孔德 Cabanaconde

普诺 Puno

罗萨斯帕塔 伊延普峰 6421

洛马斯

16°

查拉

科里雷

阿雷基帕 Arequipa

卡帕索

拉巴斯 La Paz

莫延多

莫克瓜

伊洛 Ilo

塔克纳 Tacna

玻利维亚 BOLIVIA

智利 CHILE

72° 68°

太 平 洋 PACIFIC OCEAN

PACIFIC OCEAN

80° 76°

比例尺 1:10 500 000

0　105　210　315km

玻利维亚 巴拉圭

西经W65° 96 60°

韦柳港
Porto Velho

里奥布朗库
Rio Branco
10°
新蒙多 贝亚镇 马诺阿

皮门塔布埃努
Pimenta Bueno

里科港
科维哈
孔基斯塔
卡门
奇韦 派利塔
玻利瓦尔 巴塔哥尼亚
瓜拉约斯 埃克萨尔塔西翁 奥罗瓦亚亚

皮索菲尔梅

圣拉斐尔
锡纳 PERU 鲁雷纳巴克 阿莱格雷港
弗雷港
迪亚曼蒂尼
15°
孔萨塔 圣博尔哈 圣伊格纳西奥 特立尼达
Trinidad 圣巴勃罗
贝亚维斯塔

6421伊延普峰 新埃斯佩兰萨 圣伊格纳西奥西奥
阿查卡奇 龙多诺波利
拉巴斯 比亚罗埃尔港 布恩雷蒂罗站 圣拉蒙 圣马蒂亚斯 Rondonopoli
La Paz 比亚查
基亚科约 蒙特罗 圣拉斐尔
Quillacollo 科恰班巴 Montero 圣科拉松
Cochabamba
查拉纳
萨哈马峰 圣克鲁斯
6542 奥鲁罗 温西亚 Santa Cruz 圣何塞-德奇基托斯 罗沃雷
萨哈马 Oruro 罗沃雷
内萨 BOLIVIA 德 伊索索格沼泽 苏亚雷斯港
科 波波湖 苏克雷 普卡拉 阿瓦波 苏亚雷斯·阿拉纳堡 科伦巴
瓦拉 SUCRE 查拉瓜 科伦巴
里奥穆尔托斯 波托西 科佩雷 巴勃罗·拉海伦萨少校镇 Corumba
20°
勒 Potosi 内格拉港
圣地亚哥-德阿亨查 乌尤尼 欧亨尼奥·加 马德雷洪堡
卡马戈 拉伊将军镇 奥林波堡
阿洛塔 图皮萨 比亚蒙特斯 马查雷蒂 大 查 科 米纳斯库埃 萨斯特雷港 大坎普
塔里哈 北 米纳斯库埃 Campo Grande
比亚松 Tarija 亚奎瓦 埃斯蒂加里 罗哈斯 席尔瓦堡 贝亚维斯塔
坎佩罗堡 维亚元帅镇 皮纳斯科港
南回归线 科 迪亚斯 波索科 奥尔克塔
Tropic of Capricorn 将军堡 罗拉多 康塞普西翁 Concepcion
阿塔卡马 索尔普雷萨堡 圣佩德罗 萨尔托-德
智 利 阿 根 廷 伊泰普水库
萨尔塔 丰塔纳少校镇 ASUNCION 奥维多上校镇
Salta 亚松森 Coronel Oviedo
25°
CHILE 福莫萨 埃斯特城
ARGENTINA Formosa 巴拉瓜里
圣胡安包蒂斯塔
科皮亚波 皮拉尔 耶格罗斯
Copiapo 圣米格尔-德图库曼 罗克·萨恩斯·培
San Miguel de Tucuman 尼亚总统城
Presidencia Roque 恩卡纳西翁
Saenz Pena Encarnacion
巴西
70° 65° 60° 55° BRAZIL

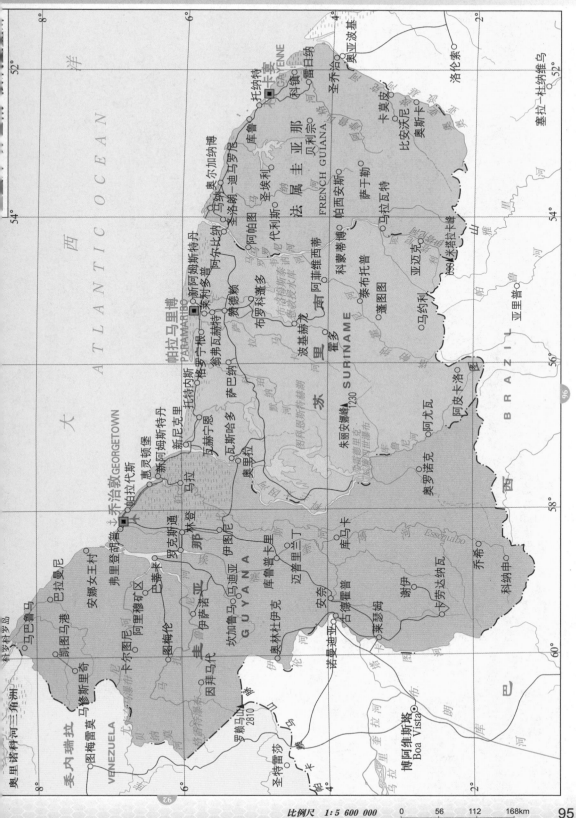

苏里南
圭亚那

比例尺 1:5 600 000

0   56   112   168km

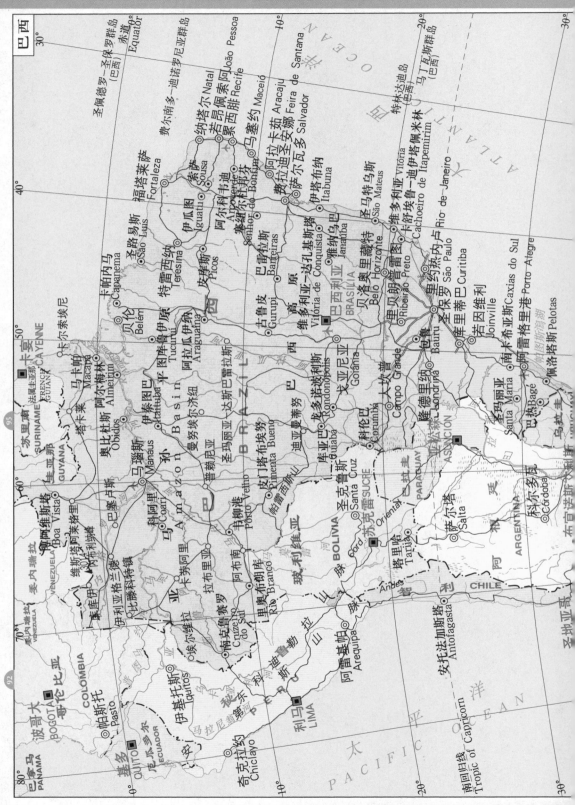

比例尺 1:29 700 000

0　　　297　　　594　　　891km

西经W72° 秘鲁 拉戈斯将军站 64° 玻 利 维 亚 56°
阿里卡 西科 苏克雷
Arica 迪 锡亚赫瓜伊山 SUCRE 大坎普
安 5895 BOLIVIA 科 Campo Grande
伊基克 地 6159 巴 拉 圭
Iquique 海阿脉 圣佩德罗火山 塔塔加尔 PARAGUAY
卡拉马Calama 塔 巴 康塞普西翁
南回归线 圣萨尔瓦多－德胡胡伊 Concepción
Tropic of Capricorn 安托法加斯塔 卡 San Salvador de Jujuy 亚松森
Antofagasta 萨尔塔 丰塔纳 ASUNCIÓN BRAZIL 24°
塔尔塔尔 岸沙 Salta 塔科波索 少校镇
科皮亚波 圣米格尔－德图库曼 福莫萨
Copiapó 漠 San Miguel de Tucumán Formosa
巴耶纳尔 第 卡塔马卡 科连特斯 波萨达斯
拉里奥哈 Catamarca Corrientes Posadas 拉日斯
拉塞雷纳 La Rioja 雷孔基斯塔 美 Lajes
La Serena 科尔多瓦 Reconquista 索
奥瓦耶 圣胡安 Córdoba 拉法埃拉 里韦拉
Ovalle San Juan Rafaela 圣菲 Rivera 顺图斯潟湖
瓦尔帕莱索 阿空加瓜山 玛丽亚镇 Santa Fe 派桑杜
Valparaíso 6960 多萨 Villa María 罗萨里奥 Paysandú 梅洛
圣地亚哥SANTIAGO Mendoza 梅塞德斯 Rosario 乌拉圭 32°
宾逊·克鲁索岛 圣路易斯 Mercedes 萨拉特 URUGUAY
(智) Rancagua San Luis Zárate 杜拉斯诺
塔尔卡Talca 三卡瓜 布宜诺斯艾利斯 圣特雷莎堡
山 巴尔达根 BUENOS AIRES 拉普拉塔
康塞普西翁 脉 布兰卡斯 La Plata 蒙得维的亚
Concepción 圣罗莎 坦迪尔 MONTEVIDEO
乔斯马拉尔 Santa Rosa Tandil
特木科 内乌肯 马德普拉塔 40°
Temuco Neuquén 布兰卡港 Mar del Plata
瓦尔迪维亚 Bahía Blanca 内科切阿
Valdivia 佩德罗卢罗 布兰卡湾 Necochea
蒙特港 圣卡洛斯－德巴里洛切 别德马
Puerto Montt San Carlos de Bariloche 圣马蒂亚斯湾
奇洛埃岛 莱莱克 马德林港 北角
克永 罗森
Rawson
里瓦达维亚海军准将城 ATLANTIC OCEAN
乔诺 科伊艾克 Comodoro Rivadavia
斯群岛 圣蒙尔赫湾
瓜亚内科群岛 拉斯埃拉斯
阿尼马莱斯 德塞阿多港 48°
马尔维纳斯群岛
斯文图拉多斯群岛 (英称福克兰群岛)
1:6 200 000 圣克鲁斯港 IS. MALVINAS
斯文图拉多斯群岛 26° 里奥加耶戈斯 (FALKLAND IS. by U.K.)
le los Desventurados(Chile) Río Gallegos (阿根、英争议)
平洋 PACIFIC OCEAN (Claimed by Arg.&U.K.)
西经W80° 邓杰内斯角 阿根廷港(斯坦利)
蓬塔阿雷纳斯 PUERTO ARGENTINO
安一费尔南德斯群岛 Punta Arenas 火地岛 (STANLEY)
1:7 200 000 约山 48°
安一费尔南德斯群岛(智) 格拉夫顿群岛 2469 乌斯怀亚 埃斯塔多斯岛
an Fernandez Arch.(Chile) 72° 64° 56°
太 平 洋 34°
PACIFIC OCEAN 智利 阿根廷 乌拉圭
经W81°

比例尺 1:19 400 000 0 194 388 582km 97

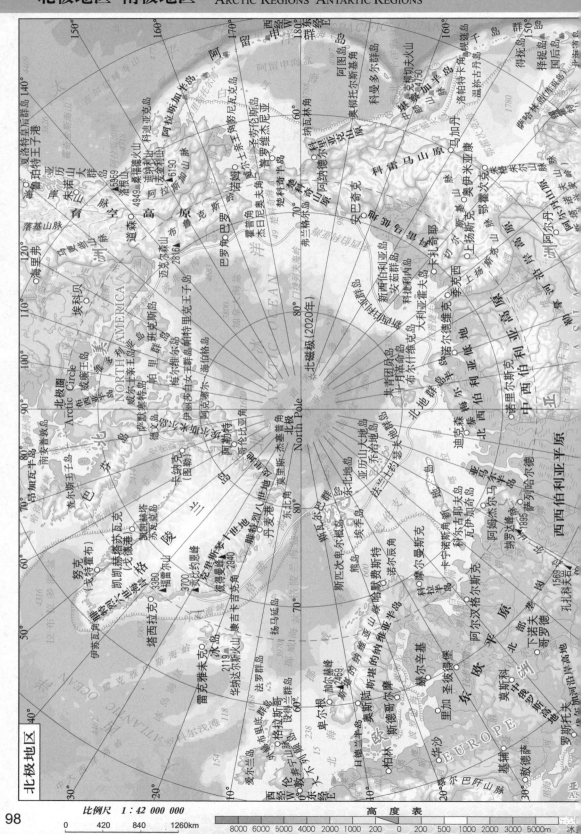

北极地区

比例尺　1：42 000 000

0　　　420　　　840　　　1260km

高　度　表

8000 6000 5000 4000 3000 2000 1000 500 200　0　200 500 1000 2000 3000 5000m

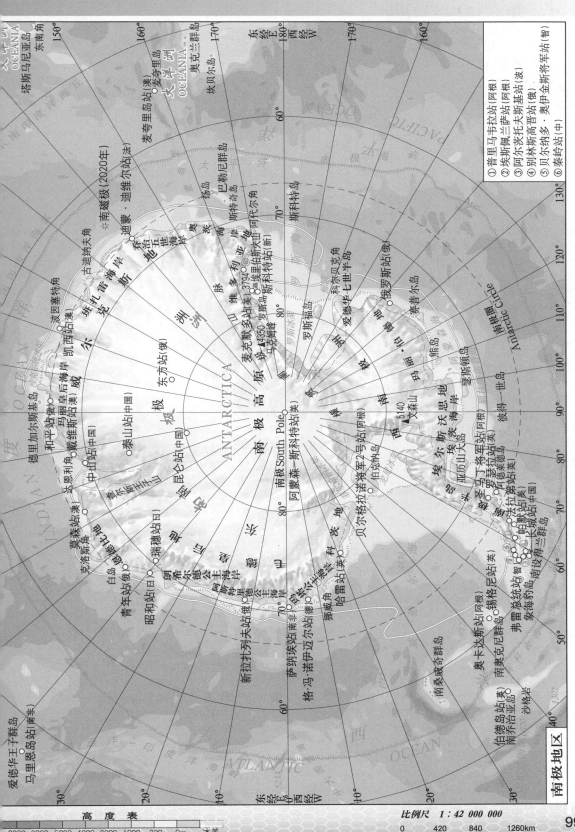

南极地区

比例尺 1:42 000 000

0 420 840 1260km

高度表

8000 6000 5000 4000 2000 1000 200 0m

① 普里马韦拉站(阿根)
② 埃斯佩兰萨站(阿根)
③ 阿尔茨托夫斯基站(波)
④ 别林斯高晋站(俄)
⑤ 贝尔纳多 · 奥伊金斯将军站(智)
⑥ 秦岭站(中)

国家概况 COUNTRIES

中华人民共和国

面积 约9 600 000平方千米	**人口** 144 350万
首都 北京	**国庆** 10月1日
货币 人民币	
语言 通用汉语。	

民族 共有56个民族，汉族人口占总人口的91.11%，55个少数民族中壮、满、回、苗、维吾尔、土家、彝、蒙古、藏、布依、侗、瑶、朝鲜、白、哈尼、哈萨克、黎、傣等民族的人口在百万以上。

宗教 多宗教国家，主要有佛教、道教、伊斯兰教、天主教和基督教等。宗教信仰自由。

名胜 长城、泰山、故宫、莫高窟、秦始皇陵及兵马俑坑、周口店北京人遗址、黄山、九寨沟-黄龙、武陵源、承德避暑山庄及外八庙、孔庙、孔林及孔府、武当山、庐山、峨眉山-乐山大佛、丽江古城、平遥古城、苏州古典园林、颐和园、天坛、武夷山、大足石刻、安徽古村落、明清皇家陵寝、龙门石窟、青城山-都江堰、云冈石窟、三江并流、拉萨布达拉宫、高句丽王城、王陵及贵族墓葬、澳门历史城区、殷墟、四川大熊猫栖息地、南方喀斯特、开平碉楼、福建土楼、三清山、五台山、天地之中、中国丹霞、杭州西湖、澄江化石、元上都、新疆天山、红河哈尼梯田、丝绸之路、大运河、土司遗址、神农架、花山岩画、可可西里、鼓浪屿和梵净山等已列入《世界遗产名录》。

朝 鲜
朝鲜民主主义人民共和国

面积 122 762平方千米	**人口** 2 405万
首都 平壤	**国庆** 9月9日
货币 朝鲜元	**与中国建交日** 1949年10月6日
民族 朝鲜族。	
语言 通用朝鲜语。	

集锦 金刚山位于江原道（北）东部，太白山脉北段，主峰海拔1 638米。分为内金刚、外金刚、海金刚。景色秀丽，以奇峰怪石、飞瀑流泉、密林奇洞、松林云海闻名，素有"朝鲜第一山"之称。

韩 国
大韩民国

面积 99 600平方千米	**人口** 5 200万
首都 首尔	**国庆** 8月15日（光复节）
货币 韩元	**与中国建交日** 1992年8月24日
民族 朝鲜族。	**语言** 通用韩语。

宗教 50%的居民信奉佛教和基督等。

集锦 庆州位于庆尚北道东南。公元前57年新罗王国在此建都。历史文化及艺术文物极为丰富。多王室陵墓、佛教寺院。有韩国"文化之城"之称。1996年，东北亚佛教艺术的杰作——石窟庵与佛国寺列入《世界遗产名录》。

蒙 古
蒙古国

面积 1 566 500平方千米	**人口** 340万
首都 乌兰巴托	**国庆** 7月11日(那达慕)
货币 图格里克	**与中国建交日** 1949年10月16日

民族 主要为喀尔喀蒙古族，其余为哈萨克等15个少数民族。

语言 主要语言为喀尔喀蒙古语。

宗教 主要信奉喇嘛教。

集锦 那达慕，在蒙语中意为"游戏"、"娱乐"，原指蒙古民族历史悠久的"男子三竞技"（摔跤、赛马和射箭），现指一种按照古老的传统方式举行的集体娱乐活动，富有浓郁的民族特色。

日 本
日本国

面积 377 900平方千米	**人口** 12 505万
首都 东京	**国庆** 2月23日（天皇诞辰日）
货币 日元	**与中国建交日** 1972年9月29日

民族 主要为大和族，北海道地区约有1.6万阿伊努族。

语言 通用日语。

宗教 居民主要信奉神道教和信奉佛教。

集锦 富士山是日本第一高峰，著名休眠火山，日本人奉为"圣山"，海拔3 776米。呈典型圆锥形，山顶终年积雪，火山口湖直径800米。有温泉、瀑布，北麓有富士五湖（堰塞湖）。781年有文字记录以来共喷发18次。

越 南
越南社会主义共和国

面积 约320 000平方千米	**人口** 9 826万
首都 河内	**国庆** 9月2日
货币 越南盾	**与中国建交日** 1950年1月18日

民族 有54个民族，其中京族占人口86%，其余为岱依族、傣族、芒族、华人、侬族等。

语言 通用越南语。

宗教 主要信奉佛教、天主教、和好教、高台教。

集锦 广宁省下龙湾为越南北部海上胜景，下龙在越南语中，意为"龙降临之地"。岛屿繁星密布，尖峰耸峙；岩峰千姿百态，惟妙惟肖，令人目不暇接。

老 挝
老挝人民民主共和国

面积 236 800平方千米	**人口** 723万
首都 万象	**国庆** 12月2日
货币 基普	**与中国建交日** 1961年4月25日

民族 统称为老挝族，分为49个民族。

语言 通用老挝语。

宗教 信奉佛教。

集锦 塔銮老挝语意为"皇塔"或"大塔"。位于万象市澜沧路北端。建于1566年，现塔系1930年重建。由高45米的方形主塔和30座高3.6米卫星小塔组成。作为老挝国家的象征。

柬埔寨
柬埔寨王国

面积	181 035平方千米	**人口**	1 555万
首都	金边	**国庆**	11月9日(独立日)
货币	瑞尔	**与中国建交日**	1958年7月19日

民族 主要为高棉族,其余为占族、普农族、老族等。

语言 官方语言为高棉语、英语和法语,通用高棉语。

宗教 居民主要信奉佛教,其余信奉伊斯兰教、天主教。

集锦 吴哥源于梵语意为"都市"。是9—15世纪高棉王国的都城。始建于9世纪,13世纪建成。以吴哥通王城和吴哥寺为主,共有大小各式建筑物600余座。包括石造宫殿、寺院宝塔,全以巨大砂岩重叠砌成,且有精美的浮雕回廊,为世界珍贵的宗教建筑。

缅甸
缅甸联邦共和国

面积	676 581平方千米	**人口**	5 458万
首都	内比都	**国庆**	1月4日(独立节)
货币	缅币	**与中国建交日**	1950年6月8日

民族 主要有缅族、克伦族、掸族、克钦族等。

语言 官方语言为缅语。

宗教 居民多信奉佛教。

集锦 蒲甘为著名佛教文化中心。佛塔最多时达13 000余座,号称"万塔之城"。现仅有2千余,尤以瑞喜宫塔和阿难陀塔最为著名。1975年大多佛塔遭地震毁坏。

泰国
泰王国

面积	513 115平方千米	**人口**	6617万
首都	曼谷	**国庆**	12月5日
货币	铢	**与中国建交日**	1975年7月1日

民族 全国有30多个民族,主要有泰族、老挝族、马来族等。

语言 国语为泰语。

宗教 90%以上的居民信奉佛教,其余信奉伊斯兰教、基督教新教、天主教、印度教和锡克教。

集锦 普吉岛源于马来语,意为"山丘"。面积543平方千米,是泰国最大的岛屿,也是最小的府。有攀牙湾、帕通海滩、蝴蝶园等著名景点。为泰国重要的旅游胜地,有"泰南珍珠"之美誉。

马来西亚

面积	330000平方千米	**人口**	3266万
首都	吉隆坡	**国庆**	8月31日(独立日)
货币	林吉特	**与中国建交日**	1974年5月31日

民族 主要为马来人及其他原住民、华人和印度人。

语言 国语为马来语,通用英语,华语广泛使用。

宗教 伊斯兰教为国教,其他为佛教、印度教和基督教等。

集锦 国油双峰塔为马来西亚首都吉隆坡的一对88层的摩天办公大楼。由马来西亚国家石油公司总部兴建,美国建筑师C·佩利设计,1996年竣工。楼高451.9米,在第41层有一座长达58米的空中天桥将两幢塔楼连接。

文莱
文莱达鲁萨兰国

面积	5 765平方千米	**人口**	43万
首都	斯里巴加湾市	**国庆**	2月23日
货币	文莱元	**与中国建交日**	1991年9月30日

民族 主要有马来人、华人和其他种族。

语言 国语为马来语,通用英语,华语使用较广泛。

宗教 伊斯兰教为国教,其他有佛教、基督教、拜物教等。

集锦 文莱(Brunei)和婆罗洲(Borneo),原本系同一个词,它是一个古老的部族名;一说这一部落名称源于马来语的berunai,是当地生长很广的植物名,这里专指芒果,也有的说是指沙罗门果。

新加坡
新加坡共和国

面积	714.3平方千米	**人口**	568万
首都	新加坡	**国庆**	8月9日
货币	新加坡元	**与中国建交日**	1990年10月3日

民族 主要为华人、马来人和印度人。

语言 国语为马来语,官方语言为英语、华语、马来语、泰米尔语,行政用语为英语。

宗教 主要信奉佛教、道教、伊斯兰教、基督教和印度教。

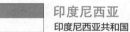

印度尼西亚
印度尼西亚共和国

面积	1 904 443平方千米	**人口**	27 020万
首都	雅加达	**国庆**	8月17日(独立日)。
货币	印度尼西亚盾	**与中国建交日**	1950年4月13日

民族 有100多个民族,主要为爪哇族、巽他族、马都拉族、马来族等。

语言 官方语言为印尼语,民族语言200多种。

宗教 居民主要信奉伊斯兰教、基督教、天主教等。

集锦 婆罗浮屠系世界最大的古老佛塔。位于爪哇岛中部,建于778—850年。后被火山灰及丛莽湮没,19世纪重新发掘。形似大曼荼罗(坛场),约用225万块岩石砌成,共9层:基层为方形塔基,上为4层四廊的方形平台和3层圆台,顶为大型堵波。1991年列入《世界遗产名录》。

东帝汶
东帝汶民主共和国

面积	14 874平方千米	**人口**	131万
首都	帝力	**国庆**	11月28日(独立日)

货币 通用货币为美元,发行有与美元等值的本国硬币。

民族 主要为东帝汶土著人。

语言 官方语言为德顿语、葡萄牙语,通用德顿语。

宗教 居民主要信奉天主教、基督教新教、伊斯兰教等。

与中国建交日 2002年5月20日

菲律宾
菲律宾共和国

面积	299 700平方千米	**人口**	10 877万
首都	马尼拉	**国庆**	6月12日（独立日）
货币	比索	**与中国建交日**	1975年6月9日

民族 主要为马来族，其余为少数民族和外来后裔。
语言 国语为菲律宾语，官方语言为英语。
宗教 居民多信奉天主教，其余信奉伊斯兰教。
集锦 马荣火山有完整火山锥。底座周周周30千米，海拔2 421米。1616年以来爆发过20多次，1814年2月1日破坏最为严重，湮没了附近卡沙瓦小镇。现仍喷出大量蒸汽。

印 度
印度共和国

面积	约2 980 000平方千米	**人口**	137 136万
首都	新德里	**国庆**	1月26日
货币	印度卢比	**与中国建交日**	1950年4月1日

民族 主要为印度斯坦族（兴都斯坦族）、泰卢固族、孟加拉族、马拉地族等。
语言 官方语言为英语和印地语。
宗教 居民主要信奉印度教、伊斯兰教、基督教等。
集锦 泰姬陵系莫卧儿皇帝沙贾汗为其爱妃泰姬·玛哈尔修建。始建于1632年，历时22年才完工。它由殿堂、钟楼、尖塔、水池等构成，全部用纯白色大理石建筑，用玻璃、玛瑙镶嵌，绚丽夺目，被誉为世界建筑奇迹之一。

尼泊尔

面积	147 181平方千米	**人口**	2 930万
首都	加德满都	**国庆**	9月20日
货币	尼泊尔卢比	**与中国建交日**	1955年8月1日

民族 有拉伊族、林布族、苏努瓦尔族、达芒族、马嘉尔族等30多个民族。
语言 国语为尼泊尔语，上层社会通用英语。
宗教 居民主要信奉印度教、佛教和伊斯兰教。
集锦 蓝毗尼为世界著名佛教圣地、旅游胜地。位于尼泊尔南部蓝毗尼专区。相传佛教创始人释迦牟尼于公元前624年诞生于此。1997年列入《世界文化遗产名录》。规划的圣园区、寺庙区和文化区占地700公顷。

不 丹
不丹王国

面积	约38 000平方千米	**人口**	76万
首都	廷布	**国庆**	12月17日
货币	努扎姆。		

民族 主要为不丹族和尼泊尔族。
语言 官方语言为不丹语"宗卡"。
宗教 藏传佛教为国教，尼泊尔族居民信奉印度教。
集锦 信奉藏传佛教的不丹，寺院风格亦与西藏类似，最著名的虎穴寺高踞于万丈悬崖上，与原始生态和谐相伴。

孟加拉国
孟加拉人民共和国

面积	147 570平方千米	**人口**	17 168万
首都	达卡	**国庆**	3月26日
货币	塔卡	**与中国建交日**	1975年10月4日

民族 主要为孟加拉族，另有20多个少数民族。
语言 国语为孟加拉语、官方语言为英语。
宗教 居民多信奉国教伊斯兰教、少数人信奉印度教。
集锦 达卡全市有人力三轮车15万辆，从业人员30多万人。涂有艳丽色彩和各种图案的三轮车充斥街道，老城区更是三轮车的天下，故达卡有"三轮车之都"的称号。

斯里兰卡
斯里兰卡民主社会主义共和国

面积	65 610平方千米	**人口**	2 216万
首都	科伦坡	**国庆**	2月4日（独立日）
货币	卢比	**与中国建交日**	1957年2月7日

民族 主要为僧伽罗族、泰米尔族、摩尔族。
语言 僧伽罗语、泰米尔语同为官方语言和全国语言，上层社会通用英语。
宗教 居民多信奉佛教，其余信奉印度教、伊斯兰教和基督教。
集锦 阿努拉特普勒为第一古都，始建于公元前5世纪。城内现存一株2500年的菩提树供全世界佛教徒瞻拜。为纪念中国求法高僧法显公元5世纪初在此参学事迹，寺内遗址上修建了一座法显大师纪念馆，馆内陈列着出土的中国珍贵文物。

马尔代夫
马尔代夫共和国

面积	298平方千米	**人口**	39万
首都	马累	**国庆**	7月26日（独立日）
货币	拉菲亚	**与中国建交日**	1972年10月14日

民族 马尔代夫族。
语言 官方语言为迪维希语，教育和对外交往中广泛使用英语。
宗教 伊斯兰教为国教，属逊尼派。
集锦 马尔代夫是世界三大潜水胜地之一，碧蓝的海水，清澈透明。在岛四周尽是青翠透明的绵延树珊瑚环礁群与神话梦境般的蓝色礁湖。马尔代夫的海洋是热带鱼的故乡，水中有600多种热带珍品鱼类。

巴基斯坦
巴基斯坦伊斯兰共和国

面积	796 095平方千米	**人口**	20 800万
首都	伊斯兰堡	**国庆**	3月23日
货币	巴基斯坦卢比	**与中国建交日**	1951年5月21日

民族 主要为旁遮普族、信德族、帕坦族和俾路支族。
语言 国语为乌尔都语，官方语言为英语，主要民族语言有旁遮普语、信德语、普什图语等。
宗教 伊斯兰教为国教。
集锦 拉合尔是座拥有2 000年历史的名城。位于旧城西北角的拉合尔古堡和占地20公顷的夏利玛花园,是巴基斯坦最著名的古迹。

东正教。

集锦 阿哈尔捷金马是经过3000多年培育而成的最古老的马种之一。该马头细颈高,四肢修长,步伐轻盈,力量大、速度快、耐力强,是土库曼斯坦的国宝。

阿富汗

面积	647 500平方千米	**人口**	3 220万
首都	喀布尔	**国庆**	8月19日(独立日)
货币	阿富汗尼	**与中国建交日**	1955年1月20日

民族 主要为普什图族和塔吉克族。
语言 官方语言为普什图语和达里语(波斯语)。
宗教 居民主要信奉伊斯兰教。
集锦 巴米扬位于喀布尔西北150千米。5世纪始见于中国文献。古代为兴都库什山区交通要道、佛教圣地。中国高僧法显、玄奘先后于400年、630年到此。城北多石窟,其中两座高53米、37米的世界最高立佛像于2001年3月12日被塔利班炸毁。

哈萨克斯坦
哈萨克斯坦共和国

面积	2 724 900平方千米	**人口**	1 913万
首都	阿斯塔纳	**国庆**	12月16日(独立日)
货币	坚戈	**与中国建交日**	1992年1月3日

民族 有131个民族,主要民族为哈萨克族、俄罗斯族、乌克兰族等。
语言 国语为哈萨克语,通用俄语。
宗教 主要信奉伊斯兰教,其次为东正教、基督教、佛教。
集锦 拜科努尔为前苏联和今俄罗斯在哈萨克斯坦境内的重要航天器发射场。基地始建于1955年,占地46 000平方千米。发射中心占地6 717平方千米。1957年在此成功发射了人类第一颗人造卫星,1961年人类第一艘载人宇宙飞船在此升空。

乌兹别克斯坦
乌兹别克斯坦共和国

面积	447 400平方千米	**人口**	3 419万
首都	塔什干	**国庆**	9月1日(独立日)
货币	苏姆	**与中国建交日**	1992年1月2日

民族 有130多个民族,人口最多乌兹别克族。
语言 官方语言为乌兹别克语,通用俄语。
宗教 主要信奉伊斯兰教,其次为东正教。
集锦 布哈拉为中亚最古老的城市之一。始建于公元前1世纪。16世纪至1920年为布哈拉汗国的都城。历代王朝在此修建170多座各种风格的伊斯兰建筑。

土库曼斯坦

面积	491 200平方千米	**人口**	562万
首都	阿什哈巴德	**国庆**	9月27日
货币	马纳特	**与中国建交日**	1992年1月6日

民族 主要为土库曼族、乌兹别克族、俄罗斯族等。
语言 官方语言为土库曼语、通用俄语。
宗教 多数居民信奉伊斯兰教,俄罗斯族和亚美尼亚族信奉

吉尔吉斯斯坦
吉尔吉斯共和国

面积	198 500平方千米	**人口**	668万
首都	比什凯克	**国庆**	8月31日(独立日)
货币	索姆	**与中国建交日**	1992年1月5日

民族 主要为吉尔吉斯族、乌兹别克族和俄罗斯族。
语言 国语为吉尔吉斯语,官方语言为俄语。
宗教 居民主要信奉伊斯兰教,其次为东正教和天主教。
集锦 碎叶城位于托克马克西南,是唐代"丝绸之路"的重要枢纽和西部边陲重镇。据考证,唐代诗人李白出生于此。

塔吉克斯坦
塔吉克斯坦共和国

面积	143 100平方千米	**人口**	931万
首都	杜尚别	**国庆**	9月9日(独立日)
货币	索莫尼	**与中国建交日**	1992年1月4日

民族 主要为塔吉克族和乌兹别克族。
语言 国语为塔吉克语,俄语为族际交流语言。
宗教 多数居民信奉伊斯兰教。
集锦 11世纪时,突厥游牧民族把居住在中亚地区讲伊朗语、信奉伊斯兰教的人称为塔吉克人。在民间传说中,塔吉克意即头戴绣花小圆帽的人。

伊朗
伊朗伊斯兰共和国

面积	1 636 000平方千米	**人口**	8 404万
首都	德黑兰	**货币**	土曼

国庆 2月11日(伊斯兰革命胜利日)
民族 主要为波斯人、阿塞拜疆人和库尔德人。
语言 官方语言为波斯语。
宗教 居民主要信奉印度教、伊斯兰教、基督教等。
与中国建交日 1971年8月16日
集锦 波斯波利斯在今伊朗西南部法尔斯省设拉子东北51千米处。公元前522—前486年由大流士一世所建,为阿契美尼德王朝第二都城。公元前330年遭亚历山大帝劫掠。现保留有波斯王墓、接见大厅、浮雕、两套金盘和银盘等遗迹。

格鲁吉亚

面积	69 700平方千米	**人口**	402万
首都	第比利斯	**国庆**	5月26日(独立日)
货币	拉里	**与中国建交日**	1992年6月9日

民族 主要为格鲁吉亚族,其他主要民族有亚美尼亚族、俄罗斯族、阿塞拜疆族、奥塞梯族等。
语言 官方语言为格鲁吉亚语,通用俄语。

宗教　多数居民信奉东正教，少数信奉伊斯兰教。

集锦　1893年，一位名叫刘峻周的广东青年携亲带友来到格鲁吉亚海滨城市巴统，开创种茶事业。刘峻周培育出适合当地气候和土壤的优质茶叶，并在巴黎博览会上夺得金奖。

阿塞拜疆
阿塞拜疆共和国

面积	86 600平方千米	**人口**	1 016万
首都	巴库	**国庆**	5月28日
货币	马纳特	**与中国建交日**	1992年4月2日

民族　有43个民族，主要有阿塞拜疆族、列兹根族和俄罗斯族。

语言　官方语言为阿塞拜疆语，通用俄语。

宗教　主要信奉伊斯兰教。

集锦　巴库是座历史名城，曾为巴库汗国的都城。中世纪的希尔凡王宫、处女塔城堡、清真寺塔、陵墓等建筑，至今保存完好。

亚美尼亚
亚美尼亚共和国

面积	29 700平方千米	**人口**	296万
首都	埃里温	**国庆**	9月21日（独立日）
货币	德拉姆	**与中国建交日**	1992年4月6日

民族　主要为亚美尼亚族，其他民族有俄罗斯、库尔德、乌克兰、亚述、希腊等。

语言　官方语言为亚美尼亚语。

宗教　居民主要信奉基督教。

集锦　1915年，奥斯曼帝国对亚美尼亚人进行驱逐，并施行了种族灭绝，共有150万人惨遭屠杀，80万人沦为难民，流散到世界各地。这些也是当今亚美尼亚海外侨民队伍庞大的原因。

伊 拉 克
伊拉克共和国

面积	438 317平方千米	**人口**	4 225万
首都	巴格达	**货币**	新伊拉克第纳尔

民族　主要为阿拉伯人和库尔德人。

语言　官方语言为阿拉伯语，北部库尔德地区的官方语言是库尔德语，通用英语。

宗教　居民主要信奉伊斯兰教。

与中国建交日　1958年8月25日

集锦　巴比伦为世界著名的西亚古城遗址，古巴比伦王国和新巴比伦王国的都城。位于巴格达以南88千米处的幼发拉底河畔，今希拉附近。有古城墙、壮丽王宫和被称为世界七大奇迹之一的"空中花园"。代表了古代美索不达米亚的高度文明。

科 威 特
科威特国

面积	17 818平方千米	**人口**	462万
首都	科威特城	**国庆**	2月25日
货币	科威特第纳尔	**与中国建交日**	1971年3月22日

民族　主要为科威特籍人和外籍侨民。

语言　官方语言为阿拉伯语，通用英语。

宗教　居民主要信奉国教伊斯兰教。

集锦　1760年，哈立德家族的后代在"库特"外围修筑了一英里长的城墙，并在墙外挖了一道又宽又深的护城壕，从陆上三面将"库特"围住，从而形成了一座三面围墙一面临海的城堡。人们格外钟爱这一城堡，昵称其为科威特，意为"小城堡"。

沙特阿拉伯
沙特阿拉伯王国

面积	2 250 000平方千米	**人口**	3 617万
首都	利雅得	**国庆**	9月23日
货币	沙特里亚尔	**与中国建交日**	1990年7月21日

民族　主要为阿拉伯人，有部分外籍人。

语言　官方语言为阿拉伯语，通用英语。

宗教　伊斯兰教为国教。

集锦　麦加为世界伊斯兰教第一圣地，伊斯兰教创始人穆罕默德公元570年诞生于此。麦加在伊斯兰世界被誉为"诸城之母"。每年都有来自世界各地数百万虔诚的穆斯林不畏路途艰辛，在伊斯兰教历12月赴麦加朝觐。

巴 林
巴林王国

面积	767平方千米	**人口**	150万
首都	麦纳麦	**国庆**	12月16日
货币	巴林第纳尔	**与中国建交日**	1989年4月18日

民族　主要为巴林籍人，其余为印度、巴基斯坦、孟加拉人等。

语言　官方语言为阿拉伯语，通用英语。

宗教　居民多信奉伊斯兰教，其余信奉基督教和犹太教。

集锦　巴林是历史上著名的珍珠采集中心。由于海底有淡水资源，淡水能使珍珠增加光泽。为此，巴林的珍珠以颗大粒满、晶莹剔透、色泽持久而享誉珠宝界。

卡 塔 尔
卡塔尔国

面积	11 521平方千米	**人口**	285万
首都	多哈	**国庆**	12月18日
货币	卡塔尔里亚尔	**与中国建交日**	1988年7月9日

民族　主要为卡塔尔人、印度人和巴基斯坦人等。

语言　官方语言为阿拉伯语，通用英语。

宗教　居民大多信奉伊斯兰教。

集锦　第15届亚运会在多哈成功主办。多哈体育设施齐全，是海湾地区名符其实的体育城。拥有5万观众席的哈里发体育场为亚运会主体育场；另有占地面积29万平方米的阿斯拜尔体育中心，为当今世界最大的室内体育场。

阿拉伯联合酋长国

面积	83 600平方千米	**人口**	950万
首都	阿布扎比	**国庆**	12月2日（独立日）
货币	迪拉姆	**与中国建交日**	1984年11月1日

民族 其中外籍人占3/4，主要为印度人、巴基斯坦人等。
语言 官方语言为阿拉伯语，通用英语。
宗教 居民主要信奉伊斯兰教。
集锦 迪拜已拥有一系列人工打造的"世界之最"，包括世界上最豪华的七星级饭店"阿拉伯塔"、世界上规模最大的填海工程人工棕榈岛项目、世界上最受欢迎的国际机场、世界上第一座海底豪华饭店等等。

阿 曼
阿曼苏丹国

面积 309 500平方千米　**人口** 447万
首都 马斯喀特　　　　**国庆** 11月18日
货币 阿曼里亚尔　　　**与中国建交日** 1978年5月25日
民族 多数为阿拉伯人，另有印度、巴基斯坦等外籍人。
语言 官方语言为阿拉伯语，通用英语。
宗教 本国居民绝大多数信奉伊斯兰教。
集锦 阿曼航海家阿布·阿布德于公元8世纪乘坐双桅坐船"布姆"号，穿过印度洋，出马六甲海峡，经过2年时间到达我国广州，开辟了与"丝绸之路"齐名的"香料之路"。

也 门
也门共和国

面积 555 000平方千米　**人口** 2 980万
首都 萨那　　　　　　**国庆** 5月22日
货币 里亚尔　　　　　**与中国建交日** 1956年9月24日
民族 主要为阿拉伯人。
语言 官方语言为阿拉伯语。
宗教 伊斯兰教为国教，什叶派和逊尼派各占50%。
集锦 荷台达为也门西部港口城市，荷台达省首府，位于红海沿岸。1454年首见记载。1961年建成深水良港。市南宰比德建于9世纪，为伊斯兰教的学术中心和教育中心。

叙利亚
阿拉伯叙利亚共和国

面积 185 180平方千米　**人口** 1 980万
首都 大马士革　　　　**国庆** 4月17日（独立日）
货币 叙利亚镑　　　　**与中国建交日** 1956年8月1日
民族 主要为阿拉伯人。
语言 国语为阿拉伯语，通用英语和法语。
宗教 居民多信奉伊斯兰教。
集锦 大马士革位于拜拉达河右岸。历经4 500年沧桑，是世界历史最悠久的古城之一。设有大马士革大学、大马士革科学院、大马士革博物馆，有大马士革大清真寺、阿兹姆宫、大马士革城堡、萨拉丁陵墓等景观。在老城区可以看到古宅深巷、浴室茶馆、旅社、集市作坊。

黎巴嫩
黎巴嫩共和国

面积 10 452平方千米　**人口** 610万
首都 贝鲁特　　　　　**国庆** 11月22日（独立日）
货币 黎巴嫩镑　　　　**与中国建交日** 1971年11月9日

民族 绝大多数为阿拉伯人。
语言 官方语言为阿拉伯语，通用法语和英语。
宗教 居民主要信奉伊斯兰教和基督教。
集锦 巴勒贝克位于贝鲁特东北85千米的贝卡谷地。罗马帝国时代建立规模宏大的神庙群，供奉万神之神朱庇特、酒神巴克斯和爱神维纳斯。

约 旦
约旦哈希姆王国

面积 89 340平方千米　**人口** 1 105万
首都 安曼　　　　　　**国庆** 5月25日（独立日）
货币 约旦第纳尔　　　**与中国建交日** 1977年4月7日
民族 主要为巴勒斯坦人、土库曼人、亚美尼亚人和吉尔吉斯人。
语言 国语为阿拉伯语，通用英语。
宗教 居民多信奉伊斯兰教（逊尼派）。
集锦 佩特拉为著名古城遗址。位于西南部哈隆山麓。公元前312年纳巴泰王国都城。前1世纪末为中东贸易中转枢纽和文化中心。公元106年沦为罗马阿拉比亚行省一部分。古城是在红色岩石上凿出来的，故有"玫瑰红古城"之称。13世纪被大地震摧毁。1812年发现遗址。

塞浦路斯
塞浦路斯共和国

面积 9 251平方千米　**人口** 127万
首都 尼科西亚　　　　**国庆** 10月1日
货币 欧元　　　　　　**与中国建交日** 1971年12月14日
民族 主要为希腊族和土耳其族。
语言 主要语言为希腊语和土耳其语，通用英语。
宗教 希腊族信奉东正教，土耳其族信奉伊斯兰教。
集锦 帕福斯为传说中爱神阿弗洛狄忒的故乡。每年9月在此主办盛大的"爱神节"，一连三天在古堡的露天广场上演出《卡门》、《图兰朵》等歌剧。帕福斯有众多的古希腊和古罗马的遗址：古城墙、神庙、露天剧场、音乐厅、浴场等。

巴勒斯坦
巴勒斯坦国

面积 根据1947年11月联合国关于巴勒斯坦分治的第181号决议的规定，在巴勒斯坦地区建立的阿拉伯国面积为1.15万平方千米，后被以色列占领。1988年11月，巴勒斯坦国宣告成立，但未确定其疆界。
人口 1 350万。
首都 1947年11月联大第181号决议规定耶路撒冷国际化，由联合国管理。以色列通过1948年和1967年两次战争先后占领整个耶路撒冷地区，1980年7月宣布耶路撒冷为其"永恒的与不可分割的首都"。1988年11月，巴勒斯坦全国委员会第19次特别会议通过《独立宣言》，宣布耶路撒冷为新成立的巴勒斯坦国首都。
国庆 11月15日。
货币 使用以色列货币新谢克尔。
民族 多为阿拉伯人。

语言 官方语言为阿拉伯语。
宗教 主要信仰伊斯兰教。
与中国建交日 1988年11月20日

 ## 以色列
以色列国

面积 根据1947联合国关于巴勒斯坦分治决议的规定,以色列国的面积为1.52万平方千米。目前实际控制2.5万平方千米。
人口 945万。
首都 建国时在特拉维夫,1950年迁往耶路撒冷。1980年以议会通过法案,宣布耶路撒冷为其"永恒的与不可分割的首都"。对此,阿拉伯国家同以色列一直有争议。绝大多数同以有外交关系的国家仍把使馆设在特拉维夫。
国庆 即独立日(约公历4、5月)。
货币 新谢克尔。
民族 犹太人约占人口的75.3%,阿拉伯人占20.6%,另为德鲁兹人及其他人。
语言 官方语言为希伯来语和阿拉伯语,通用英语。
宗教 大部分居民信奉犹太教,其余信奉伊斯兰教、基督教和其他宗教。
与中国建交日 1992年1月24日

土耳其
土耳其共和国

面积	783 600平方千米	**人口**	8 468万
首都	安卡拉	**国庆**	10月29日
货币	土耳其里拉	**与中国建交日**	1971年8月4日

民族 主要是土耳其人和库尔德人。
语言 国语为土耳其语。
宗教 居民多信奉伊斯兰教。
集锦 伊斯坦布尔旧称君士坦丁堡,古称拜占庭,是土耳其最大的城市和港口,伊斯坦布尔省省府。跨欧亚两洲。始建于公元前658年。曾为东罗马帝国、奥斯曼帝国首都。为古丝绸之路的终点站。名胜古迹有托普卡珀博物馆、多尔马巴赫切宫、苏丹艾哈迈德清真寺等。1985年列入《世界遗产名录》。

· 欧 洲 ·

挪威
挪威王国

面积 385 155平方千米(包括斯瓦尔巴群岛、扬马延岛等属地)。

人口	543万	**首都**	奥斯陆
国庆	5月17日	**货币**	挪威克朗

民族 主要是挪威人,有少量外国移民和萨米族人。
语言 官方语言为挪威语,通用英语。
宗教 居民主要信奉国教基督教路德宗。

与中国建交日 1954年10月5日
集锦 维格兰雕塑公园位于奥斯陆西北,始建于1924年,历时19年完工。这座目前世界上最大的雕塑公园占地0.32平方千米,共有192座雕像和650个浮雕,通过"生命之桥"、"生命之泉"、"生命之柱"、"生命之轮"四个主题栩栩如生地展现了一个人从生到死的生命旅程。

 ## 瑞典

面积	449 964平方千米	**人口**	1 045万
首都	斯德哥尔摩	**国庆**	6月6日
货币	瑞典克朗	**与中国建交日**	1950年5月9日

民族 主要是瑞典人,有少数外国移民和萨米族人。
语言 官方语言为瑞典语。
宗教 居民主要信奉基督教路德宗。
集锦 斯德哥尔摩的标志性建筑——市政厅,濒梅拉伦湖畔。始建于1911年,1923年竣工。为一幢庞大的红砖建筑物,其右侧有一高105米、带有3个皇冠的尖塔。每年12月10日,国王和王后都要在市政厅的宴会厅为诺贝尔奖金获得者举行隆重的宴会。

 ## 芬兰
芬兰共和国

面积	338 145平方千米	**人口**	555万
首都	赫尔辛基	**国庆**	12月6日(独立日)
货币	欧元	**与中国建交日**	1950年10月28日

民族 主要是芬兰族和瑞典族。
语言 官方语言为芬兰语和瑞典语。
宗教 多数居民信奉基督教路德宗。
集锦 圣诞老人村位于罗瓦涅米以北8千米北极圈上。圣诞老人村是一组木建筑物,包括邮局、圣诞老人办公室、礼品店、鹿园等。每年有50多万封写给圣诞老人的信寄到这里,此处有世界上收发圣诞贺卡最多的邮局。

冰岛

面积	103 000平方千米	**人口**	38万
首都	雷克雅未克	**国庆**	6月17日
货币	冰岛克朗	**与中国建交日**	1971年12月8日

民族 绝大多数为冰岛人,属日耳曼族。
语言 官方语言为冰岛语,通用英语。
宗教 居民主要信奉基督教路德宗。
集锦 冰岛西南部城镇辛格韦德利在冰岛语意为"议会谷",位于辛格瓦德拉湖北岸,雷克雅未克东北40余千米。930—1798年为冰岛议会会议所在地。1944年6月17日在此宣布成立冰岛共和国。

 ## 丹麦
丹麦王国

面积 43 094平方千米(不包括格陵兰和法罗群岛)
人口 582万

| 首都 | 哥本哈根 | 国庆 | 6月5日 |
| 货币 | 丹麦克朗 | 与中国建交日 | 1950年5月11日 |

民族 主要为丹麦人。

语言 官方语言为丹麦语，通用英语。

宗教 居民多信奉基督教路德宗。

集锦 小美人鱼为童话王国丹麦的标志。坐落在哥本哈根海滨公园附近海滩上。小美人鱼侧身坐在一块大礁石上，上半身完全是一位纯情少女模样，自小腿以下渐次并合在一起，转化成鱼的尾鳍。它是丹麦雕塑家埃克里森于1912年根据安徒生童话"海的女儿"中的女主角雕铸的。

爱沙尼亚
爱沙尼亚共和国

面积	45 200平方千米	人口	132万
首都	塔林	国庆	2月24日（独立日）
货币	欧元	与中国建交日	1991年9月11日

民族 主要有爱沙尼亚族、俄罗斯族等。

语言 官方语言为爱沙尼亚语。

宗教 主要信奉基督教路德宗，余为东正教、天主教。

集锦 首都塔林是北欧地区唯一保留着中世纪风格的城市。有中世纪建造的古城墙、塔楼、教堂、修道院等。塔林历史城区1997年列入《世界遗产名录》。

拉脱维亚
拉脱维亚共和国

面积	64 589平方千米	人口	190万
首都	里加	国庆	11月18日（独立日）
货币	欧元	与中国建交日	1991年9月12日

民族 主要为拉脱维亚族和俄罗斯族。

语言 官方语言为拉脱维亚语，通用俄语。

宗教 主要信奉罗马天主教和基督教路德宗。

集锦 首都里加始建于1201年。老城区至今仍保留着狭窄的中世纪街巷，哥特式、巴洛克式和新古典主义式的教堂，防御墙的城堡，以及15—18世纪的住宅。

立陶宛
立陶宛共和国

面积	65 300平方千米	人口	281万
首都	维尔纽斯	国庆	2月16日
货币	欧元	与中国建交日	1991年9月14日

民族 主要为立陶宛族、波兰族和俄罗斯族。

语言 官方语言为立陶宛语，通用英语。

宗教 主要信奉罗马天主教。

集锦 位于维尔纽斯维尔尼亚河畔的圣安娜教堂，建于16世纪。教堂造型别具一格，雕刻精致细腻。高22米，主塔凌空，小塔簇拥，似众星拱月。

白俄罗斯
白俄罗斯共和国

| 面积 | 207 600平方千米 | 人口 | 935万 |
| 首都 | 明斯克 | 货币 | 白俄罗斯卢布 |

| 国庆 | 7月3日（独立日和共和国日） |

民族 主要为白俄罗斯族和俄罗斯族。

语言 官方语言为白俄罗斯语和俄语。

宗教 主要信奉东正教。

与中国建交日 1992年1月20日

集锦 位于明斯克西南有一带状古城堡群，其中最著名的是始建于16世纪初的米尔城堡。

乌克兰

面积	603 700平方千米	人口	4 196万
首都	基辅	国庆	8月24日（独立日）
货币	格里夫纳	与中国建交日	1992年1月4日

民族 有130多个民族，最大为乌克兰族。

语言 官方语言为乌克兰语，通用俄语。

宗教 主要信奉东正教、天主教。

集锦 基辅洞窟大修道院为乌克兰古代宗教中心和罗斯文化、东正教的一个圣地。大修道院由7千米的围墙包围着，北部有博物馆和主教堂，南部为地下墓室。

摩尔多瓦
摩尔多瓦共和国

面积	33 800平方千米	人口	349万
首都	基希讷乌	国庆	8月27日（独立日）
货币	摩尔多瓦列伊	与中国建交日	1992年1月30日

民族 主要是摩尔多瓦族。

语言 官方语言为罗马尼亚语，通用俄语。

宗教 多数人信奉东正教。

集锦 葡萄酒是摩尔多瓦的特产，它的酒窖也极具特色。有的酒窖在地下70米深处，酒窖内巷道相连可达50千米，汽车也可驶入其间。

俄罗斯
俄罗斯联邦、俄罗斯

面积	17 075 400平方千米	人口	14 453万
首都	莫斯科	国庆	6月12日
货币	卢布	与中国建交日	1949年10月2日

民族 有180多个民族，主要是俄罗斯族。

语言 官方语言为俄语。

宗教 居民多信奉东正教，其次为伊斯兰教。

集锦 克里姆林宫为莫斯科最古老的建筑群。始建于1156年，宫内有15—17世纪俄罗斯第一流建筑物圣母升天大教堂、天使长大教堂、圣母领报大教堂、"伊凡大帝"钟楼和多棱宫等。1788年枢密院大厦竣工，1839—1849年建成大克里姆林宫，1959—1961年建成克里姆林宫大会堂。宫墙四周有20座塔楼。

德国
德意志联邦共和国

面积	357 021平方千米	人口	8 324万
首都	柏林	国庆	10月3日（德国统一日）
货币	欧元		

民族 主要为德意志族、另有少数丹麦族和索布族,其余为外来移民。

语言 通用德语。

宗教 居民主要信奉罗马天主教和基督教新教。

与中国建交日 1972年10月11日(1949年10月27日原民主德国与中国建交)

集锦 勃兰登堡门为德国柏林普鲁士王国的凯旋门。位于菩提树下大街西端。建于1788—1791年。仿照雅典神殿的大门而造,其上头有著名的4马牵引的"胜利战车"的铸像。

波兰
波兰共和国

面积	312 685平方千米	**人口**	3 804万
首都	华沙	**国庆**	5月3日
货币	兹罗提	**与中国建交日**	1949年10月7日

民族 主要是波兰族。

语言 官方语言为波兰语。

宗教 居民主要信奉罗马天主教。

集锦 位于波兰南部的奥斯威辛集中营是纳粹德国在二战期间修建的最大的集中营。二战期间,德国纳粹在这里监禁过数百万人,并屠杀了其中的110多万人,受害者绝大部分是犹太人。波兰政府将其辟为国家博物馆。

捷克
捷克共和国

面积	78 866平方千米	**人口**	1 052万
首都	布拉格	**国庆**	10月28日
货币	捷克克朗	**与中国建交日**	1949年10月6日

民族 主要为捷克族。

语言 官方语言为捷克语。

宗教 主要信奉罗马天主教。

集锦 卡罗维发利建于1358年,是享誉欧洲的矿泉疗养地。卡罗维发利喷涌着70多股温泉,其中有12眼泉水已被开发利用。温泉的温度介于41℃~42℃之间,富含二氧化碳、钙、钾、钠等矿物质和40多种微量元素。

斯洛伐克
斯洛伐克共和国

面积	49 035平方千米	**人口**	542万
首都	布拉迪斯拉发	**国庆**	9月1日
货币	欧元	**与中国建交日**	1949年10月6日

民族 主要是斯洛伐克族。

语言 官方语言为斯洛伐克语。

宗教 居民大多数信奉罗马天主教。

集锦 布拉迪斯拉发城堡,为斯洛伐克的象征。现存古堡始建于1287年,大规模重建完工于1968年。四周有高耸的塔楼,形如一张倒置的四脚板凳。外围有城墙护卫,墙外有深深的壕沟,四面城门用缆索连接外面的世界。

匈牙利

面积	93 030平方千米	**人口**	975万
首都	布达佩斯	**国庆**	8月20日
货币	福林	**与中国建交日**	1949年10月6日

民族 主要是匈牙利族。

语言 官方语言为匈牙利语。

宗教 居民多信奉天主教和基督教新教。

集锦 布达佩斯英雄广场位于安德拉士大街东端。1896年为纪念建国1 000年而建,1926年完工。广场中心耸立着36米高的千年纪念碑。碑座上是以阿尔帕德为首的7位部落首领的青铜群雕。纪念碑后为两道对称的弧形柱廊,柱廊内站立着14尊匈牙利历代王和民族英雄的雕像。

罗马尼亚

面积	238 391平方千米	**人口**	1 919万
首都	布加勒斯特	**国庆**	12月1日
货币	列伊	**与中国建交日**	1949年10月5日

民族 主要是罗马尼亚族、匈牙利族和罗姆(吉卜赛)人。

语言 官方语言为罗马尼亚语,主要民族语言为匈牙利语。

宗教 居民多信奉东正教。

集锦 位于首都海勒斯特勒乌公园附近的"乡村博物馆"建于1936年,占地10平方千米,是一座介绍罗马尼亚不同时期、不同地区的乡村民居建筑技术、民间艺术和农民生活习俗的露天博物馆。

保加利亚
保加利亚共和国

面积	111 002平方千米	**人口**	652万
首都	索非亚	**国庆**	3月3日
货币	列弗	**与中国建交日**	1949年10月4日

民族 主要是保加利亚族和土耳其族。

语言 官方语言和通用语言为保加利亚语。

宗教 主要信奉东正教,少数信奉伊斯兰教。

集锦 5月24日是保加利亚文字节。从1857年起,这一天始终是保加利亚人民最隆重的全民节日之一。保加利亚民族使用的斯拉夫文字,其创始者是斯拉夫兄弟——基里尔和梅托迪,所以文字节也称作基里尔梅托迪节。

斯洛文尼亚
斯洛文尼亚共和国

面积	20 273平方千米	**人口**	211万
首都	卢布尔雅那	**国庆**	6月25日
货币	欧元	**与中国建交日**	1992年5月12日

民族 主要为斯洛文尼亚族。

语言 官方语言为斯洛文尼亚语。

宗教 居民主要信奉天主教。

集锦 位于该国西部的波斯托伊纳溶洞堪称全欧规模最大的溶洞。全长为27千米,内有14.6千米长的通道和洞室,有壮观的石笋和钟乳石。

克罗地亚
克罗地亚共和国

面积	56 594平方千米	**人口**	406万
首都	萨格勒布	**国庆**	5月30日
货币	欧元	**与中国建交日**	1992年5月13日

民族 主要是克罗地亚族。

语言 官方语言为克罗地亚语。

宗教 主要信奉天主教。

集锦 杜布罗夫尼克为克罗地亚南端港口城市，濒亚得里亚海，建于7世纪。风景优美，气候温和，有"亚得里亚海明珠"之称，为旅游疗养胜地。

波斯尼亚和黑塞哥维那

面积	51 209平方千米	**人口**	382万
首都	萨拉热窝	**货币**	可兑换马克

民族 主要民族为波什尼亚克族（即穆斯林）、塞尔维亚族和克罗地亚族。

语言 官方语言为波斯尼亚语、塞尔维亚语、克罗地亚语。

宗教 主要宗教有伊斯兰教、东正教和天主教。

与中国建交日 1995年4月3日

集锦 1914年6月28日，年仅19岁的塞尔维亚民族主义者普林奇普，在萨拉热窝拉丁桥开枪射杀了奥匈帝国皇位的继承人——斐迪南大公。萨拉热窝暗杀事件，成为第一次世界大战的导火线。

塞尔维亚
塞尔维亚共和国

面积	88 300平方千米	**人口**	878万
首都	贝尔格莱德	**国庆**	2月15日
货币	第纳尔	**与中国建交日**	1955年1月2日

民族 主要为塞尔维亚族。

语言 官方语言为塞尔维亚语。

宗教 主要信奉东正教。

集锦 塞尔维亚有2个自治省：位于北部的伏伊伏丁那自治省，匈牙利族为主要少数民族；位于西南部的科索沃自治省，正式名称为科索沃和梅托希亚自治省，阿尔巴尼亚族占90%以上。

黑山

面积	13 800平方千米	**人口**	62万
首都	波德戈里察	**国庆**	7月13日
货币	欧元	**与中国建交日**	2006年7月6日

民族 主要为黑山族。

语言 官方语言为黑山语。

集锦 波德戈里察在黑山语中意为"山麓"。独立后为黑山共和国首都。1326年首见史籍。为纪念前南斯拉夫总统铁托，1946—1992年曾名铁托格勒。设有大学、博物馆和体育中心。附近有杜克利亚古城遗址和中世纪教堂、土耳其钟楼。

北马其顿
北马其顿共和国

面积	25 713平方千米	**人口**	208万
首都	斯科普里	**国庆**	9月8日
货币	代纳尔	**与中国建交日**	1993年10月12日

民族 主要是马其顿族、阿尔巴尼亚族和土耳其族等。

语言 官方语言为马其顿语。

宗教 多数居民信奉东正教，少数信奉伊斯兰教。

集锦 位于北马其顿和阿尔巴尼亚交界处的奥赫里德湖，面积347平方千米，最深处为286米，为巴尔干群岛最深湖。

希腊
希腊共和国

面积	131 957平方千米	**人口**	1 068万
首都	雅典	**国庆**	3月25日
货币	欧元	**与中国建交日**	1972年6月5日

民族 主要是希腊人，余为穆斯林。

语言 官方语言为希腊语。

宗教 东正教为国教。

集锦 奥林匹亚为古代宗教圣地，奥林匹克运动会发祥地。公元前776年—公元394年，每4年在此举行一次竞技会。遗址有宙斯神庙、赫拉神庙、竞技场、体育场、奥林匹亚博物馆等。每届奥运会在赫拉神庙点取圣火。

阿尔巴尼亚
阿尔巴尼亚共和国

面积	28 748平方千米	**人口**	279万
首都	地拉那	**国庆**	11月28日
货币	列克	**与中国建交日**	1949年11月23日

民族 主要是阿尔巴尼亚族。

语言 官方语言为阿尔巴尼亚语。

宗教 居民多信奉伊斯兰教。

集锦 布特林特位于地拉那以南170千米。公元前6世纪已相当繁荣，公元2世纪并入罗马帝国后修建了大量建筑，公元5—6世纪以建造精美的洗礼堂而著称。

英国
大不列颠及北爱尔兰联合王国

面积	244 100平方千米	**人口**	6 708万
首都	伦敦	**国庆**	6月第二个星期六
货币	英镑	**与中国建交日**	1972年3月13日

民族 英格兰人、苏格兰人、威尔士人、爱尔兰人。

语言 官方语言为英语，威尔士北部还使用威尔士语，苏格兰西北高地及北爱尔兰部分地区仍使用盖尔语。

宗教 居民主要信奉基督教新教，其次信奉天主教、佛教、印度教、犹太教、伊斯兰教等。

集锦 议会大厦旧名威斯敏斯特宫，是世界最大哥特式建筑之一，位于英国伦敦白厅街南段泰晤士河畔。建于11世纪中叶，为英国主要王宫。1547成为议会所在地。有大厅14座，房间600间，包括红色的上议院和绿色的下议院。东北角的方塔为钟楼，高100.3米，著名的"大本钟"安放于此。

爱尔兰

面积 70 282平方千米　　**人口** 512万
首都 都柏林　　**国庆** 3月17日
货币 欧元　　**与中国建交日** 1979年6月22日
民族 绝大部分为爱尔兰人。
语言 官方语言为爱尔兰语、英语。
宗教 居民多信奉天主教。
集锦 爱尔兰是个嗜好文艺、崇尚艺术的民族，一个仅有459万人口的小国竟产生了叶芝、萧伯纳、贝克特和希希四位诺贝尔文学奖获得者。

荷兰
荷兰王国

面积 41 526平方千米　　**人口** 1 759万
首都 阿姆斯特丹，政府所在地海牙
国庆 4月27日（国王日）　　**货币** 欧元
民族 主要是荷兰族，余为弗里斯族。
语言 官方语言为荷兰语。
宗教 居民主要信奉天主教和基督教新教。
与中国建交日 1972年5月18日
集锦 荷兰是"风车之国"，风车、郁金香、奶酪和木屐被称为荷兰四件宝。世界上第一台风车就是荷兰人于1408年发明的。每年5月的第2个星期六是荷兰的"风车日"，几百台风车旋转起来，供游人参观。

比利时
比利时王国

面积 30 528平方千米　　**人口** 1 152万
首都 布鲁塞尔　　**国庆** 7月21日
货币 欧元　　**与中国建交日** 1971年10月25日
民族 主要为弗拉芒族和瓦隆族。
语言 官方语言为法语、荷兰语和德语。
宗教 居民主要信奉天主教。
集锦 比利时的小孩撒尿铜像建于1619年，人称"布鲁塞尔第一公民"。据传，古代在布鲁塞尔人民赶走外国侵略者后欢庆胜利的夜晚，一个叫于连的小孩在市政厅储存炸药的地下室发现了正在燃烧的导火线，敌人正要炸毁这座城市。他急中生智，朝导火线撒了一泡尿，导火线灭了，炸药没能爆炸，挽救了这座城市和成千上万居民的生命。

卢森堡
卢森堡大公

面积 2 586平方千米　　**人口** 65万
首都 卢森堡　　**国庆** 6月23日
货币 欧元　　**与中国建交日** 1972年11月16日
民族 卢森堡人占多数。
语言 官方语言为法语、德语和卢森堡语。
宗教 居民主要信奉天主教。

集锦 申根是卢森堡与德国、比利时三国相交处人口不足500人的小村镇。由于1985年6月，卢森堡、荷兰、比利时、德国和法国5国在这里签署了一项旨在取消签约国边境检查的《申根协定》而名扬全球。

法国
法兰西共和国

面积 551 602平方千米　　**人口** 6 563万
首都 巴黎　　**国庆** 7月14日
货币 欧元　　**与中国建交日** 1964年1月27日
民族 主要为法兰西人。
语言 通用法语。
宗教 居民多信奉天主教。
集锦 埃菲尔铁塔为法国巴黎标志性建筑和城市的象征。高320米，1 710级台阶到顶，重为7 000吨。有海拔57米、115米和276米的三层平台可供游览，第四层平台海拔300米，设气象站。顶部架有天线，为巴黎电视中心。1889年法国工程师居斯塔夫·埃菲尔为庆祝法国大革命一百周年和在巴黎举行世界博览会而建，并以其姓氏命名。

摩纳哥
摩纳哥公国

面积 2.02平方千米　　**人口** 3.8万
首都 摩纳哥　　**国庆** 11月19日
货币 欧元　　**与中国建交日** 1995年1月16日
民族 主要为法国人、意大利人和英国人。
语言 官方语言为法语，通用意大利语、英语和摩纳哥语。
宗教 居民主要信奉天主教。
集锦 蒙特卡洛赛车于1929年举办第一次大奖赛，至今已有85年了。蒙特卡洛环形赛道又称"千弯赛道"，全长3.34千米，是世界上最短也是最危险的赛车道，是F1赛事的其中一站。赛车每年给国家带来1亿欧元的进帐。

西班牙
西班牙王国

面积 505 925平方千米　　**人口** 4 739万
首都 马德里　　**国庆** 10月12日
货币 欧元　　**与中国建交日** 1973年3月9日
民族 主要为卡斯蒂利亚人(即西班牙人)。
语言 西班牙语为官方语言和全国通用语言，少数民族语言在本地区亦为官方语言。
宗教 居民主要信奉天主教。
集锦 斗牛是西班牙的国技，也是西班牙人表现力、美、胆识和技巧的一种运动。斗牛由古代的狩猎演变而成。每场斗牛通常要由3组斗牛人员以交替方式斗杀6头牛。每组有一名斗牛士为首，由两名长矛手、3名投镖手和若干助手协助。所用的牛都是专门放养的，体态雄伟，勇猛剽悍，体重在470千克以上。

葡萄牙
葡萄牙共和国

面积 92 152平方千米　　**人口** 1 034万

首都	里斯本	国庆	6月10日
货币	欧元	与中国建交日	1979年2月8日

民族 主要为葡萄牙人。

语言 官方语言为葡萄牙语。

宗教 居民多信奉罗马天主教。

集锦 位于里斯本特茹河畔的航海纪念碑建于1960年，为纪念航海大发现创始人唐·恩里克王子逝世500周年而建。纪念碑高52米，造型优美，纪念碑两侧是宽大的帆船形状，风帆两侧上方有葡萄牙盾牌，船头、风帆两侧下方为与航海大发现有关的32位人物雕像群。

安道尔
安道尔公国

面积	468平方千米	人口	7.9万
首都	安道尔	国庆	9月8日
货币	欧元	与中国建交日	1994年6月29日

宗教 居民多信奉天主教。

民族 主要为安道尔人(加泰罗尼亚族)，其次为外国移民。

语言 官方语言为加泰罗尼亚语，通用法语和西班牙语。

集锦 安道尔以它的古朴秀美、幽静迷人的景色，以及便于高山滑雪、丛林狩猎、平湖垂钓等自然条件，再加上不征商品税这一诱人关税政策，每年竟吸引1 000多万旅客前来光顾这袖珍小国。

瑞士
瑞士联邦

面积	41 284平方千米	人口	874万
首都	伯尔尼	国庆	8月1日
货币	瑞士法郎	与中国建交日	1950年9月14日

民族 主要为瑞士人。

语言 官方语言为德语、法语、意大利语和拉丁罗曼语。

宗教 居民多信奉天主教、基督教新教等。

集锦 瑞士享有"钟表王国"之称。瑞士的钟表业已有500多年的历史，世界上第一只钟表就诞生于日内瓦。从日内瓦至巴塞尔之间的钟表谷，是世界钟表业的摇篮，为众多知名品牌欧米茄、浪琴、百达·翡丽、劳力士、天梭、卡地亚、雷达等的总部所在地。

列支敦士登
列支敦士登公国

面积	160平方千米	人口	3.9万
首都	瓦杜兹	国庆	8月15日
货币	瑞士法郎	与中国建交日	1950年9月14日

民族 主要为列支敦士登人。

语言 官方语言为德语。

宗教 居民多信奉天主教。

集锦 由于列支敦士登对登记注册的外国公司采取低征税且严格保密的措施。因此，列支敦士登"皮包公司"林立，数以万计的外国注册公司开设的信箱保存在首都瓦杜兹邮局，成为一道独特的风景线。

奥地利
奥地利共和国

面积	83 871平方千米	人口	898万
首都	维也纳	国庆	10月26日
货币	欧元	与中国建交日	1971年5月28日

民族 主要为奥地利人。

语言 官方语言为德语。

宗教 居民主要信奉天主教。

集锦 萨尔斯堡是莫扎特的故乡，也是音乐的故乡。从1920年开始，萨尔斯堡每年固定举办国际性的音乐节，是世界上历史最悠久、水平最高、规模最大的古典音乐节之一，其演出内容丰富，包括歌剧、戏剧和音乐会演出三大部分。世界上所有著名乐团、歌剧院、指挥家、歌唱家、演奏家都以能参加该音乐节为荣。

意大利
意大利共和国

面积	301 333平方千米	人口	5 898万
首都	罗马	国庆	6月2日
货币	欧元	与中国建交日	1970年11月6日

民族 主要为意大利人。

语言 官方语言主要为意大利语。

宗教 大部分居民信奉天主教。

集锦 古罗马斗兽场是罗马帝国的象征。为了纪念征服耶路撒冷的胜利，公元72年由罗马皇帝韦思巴芗下令兴建，至公元80年完工。斗兽场外观呈椭圆形，场内分为四层，设有能容8万人的看台；周长527米，高57米，最大直径188米，最小直径156米。因为该场所是猛兽相斗或兽奴相斗而供皇帝贵族寻欢作乐的地方，故将其称为"斗兽场"。

圣马力诺
圣马力诺共和国

面积	61平方千米	人口	3.4万
首都	圣马力诺	国庆	9月3日
货币	欧元。		

民族 主要为圣马力诺人。

语言 意大利语。

宗教 居民大多信奉天主教。

与中国建交日 1971年5月6日与中国建领事级外交关系,1991年7月15日起升格为大使级外交关系

集锦 相传公元301年，一位名叫马力诺的石匠，为躲避专制统治者的迫害，逃到蒂塔诺山的山洞居住，采石为生。他一生虔诚传教，行善积德，扶弱挤贫，收留各地受迫害者，逐渐形成石匠公社。死后人们尊他为圣者，公社成为共和国的雏形。

梵蒂冈
梵蒂冈城国

面积	0.44平方千米	人口	0.08万
首都	梵蒂冈城	货币	欧元

宗教 信奉天主教。

民族 主要为意大利人。

语言 官方语言为意大利语和拉丁语。

集锦 圣彼得大教堂为罗马天主教中心教堂，梵蒂冈罗马教皇的教廷。始建于公元326—333年，称老圣彼得大教堂。1506年拆毁在原址重建，1615年完成。面积15 000平方米，为世界最大的教堂之一。

马耳他
马耳他共和国

面积	316平方千米	**人口**	52万
首都	瓦莱塔	**国庆**	9月21日
货币	欧元	**与中国建交日**	1972年1月31日

民族 主要为马耳他人。

语言 官方语言为马耳他语、英语。

宗教 天主教为国教。

集锦 瓦莱塔为马耳他首都和最大的港口。在马耳他岛东北岸。1565年"马耳他之围"后始建。以圣约翰骑士团团长瓦莱塔姓氏命名。重要建筑有大公宫、圣约翰联合大教堂、骑士团团长宫、马诺埃尔剧院。

·非 洲·

埃 及
阿拉伯埃及共和国

面积	1 001 450平方千米	**人口**	10 206万
首都	开罗	**国庆**	7月23日
货币	埃及镑	**与中国建交日**	1956年5月30日

民族 主要是埃及人。

语言 官方语言为阿拉伯语，通用英语和法语。

宗教 居民多信奉伊斯兰教，少数人信奉基督教等。

集锦 位于开罗西南10千米的胡夫金字塔是当今世界上规模最大的巨石建筑。它建于公元前2560年左右，为第一大金字塔，是法老胡夫的陵墓，底部为正方形，边长230米，高138米，被称为"世界古代七大奇迹"之一。胡夫金字塔的塔身由230万块大小不一的巨石组成，每块重1.5～160吨，石块间合缝严密，不用任何黏合物。

利 比 亚
利比亚国

面积	1 759 540平方千米	**人口**	698万
首都	的黎波里	**国庆**	12月24
货币	第纳尔	**民族**	主要是阿拉伯人，其次为柏柏尔人。
语言	国语为阿拉伯语。		
宗教	居民信奉伊斯兰教。		
与中国建交日	1978年8月9日		

集锦 自1984年8月开工耗费300亿美元建造主干线2 000千米的"人工河"工程，以此将南部的地下水通过直径4米的地下输水管道引到北部沿海地区，以发展灌溉农业和保障工业居民用水。

阿尔及利亚
阿尔及利亚民主人民共和国

面积	2 381 741平方千米	**人口**	4 535万
首都	阿尔及尔	**国庆**	11月1日
货币	第纳尔	**与中国建交日**	1958年12月20日

民族 主要为阿拉伯人。

语言 官方语言为阿拉伯语、柏柏尔语，通用法语。

宗教 伊斯兰教为国教。

集锦 阿杰尔的塔西利史前壁画和雕刻位于与尼日尔、利比亚交界处的撒哈拉沙漠之中，有从公元前6000年到公元最初几个世纪的壁画和雕刻5 000多幅，是洞窟艺术的瑰宝。

摩 洛 哥
摩洛哥王国

面积	459 000平方千米	**人口**	3 624万
首都	拉巴特	**国庆**	7月30日
货币	迪拉姆	**与中国建交日**	1958年11月1日

民族 主要为阿拉伯人和柏柏尔人。

语言 官言语言为阿拉伯语，通用法语。

宗教 信奉伊斯兰教。

集锦 摩洛哥北部非斯始建于公元790年，为摩洛哥国土上最早建立的阿拉伯城市。自建城至20世纪初，一直为摩洛哥历代王国的首都。著名的伊斯兰教圣地。

突 尼 斯
突尼斯共和国

面积	162 155平方千米	**人口**	1 180万
首都	突尼斯	**国庆**	3月20日（独立日）
货币	第纳尔	**与中国建交日**	1964年1月10日

民族 主要是阿拉伯人。

语言 阿拉伯语为国语，通用法语。

宗教 伊斯兰教为国教，主要是逊尼派。

集锦 杰姆古罗马竞技场始建于公元3世纪，呈椭圆形，长轴148米，短轴122米，高36米，分3层，有60个拱门，可容纳3.5万观众。是世界上三大古罗马竞技场之一。

毛里塔尼亚
毛里塔尼亚伊斯兰共和国

面积	1 030 000平方千米	**人口**	450万
首都	努瓦克肖特	**国庆**	11月28日
货币	乌吉亚	**与中国建交日**	1965年7月19日

民族 主要为白摩尔人、哈拉廷人和非洲黑人。

语言 官方语言为阿拉伯语，通用法语。

宗教 居民主要信奉伊斯兰教。

集锦 在这个传统的游牧国家中，牧民喜爱居住在散热快、相对凉爽的帐篷里，即使达官贵人也喜欢在院内或郊区另搭帐篷。在帐篷内招待贵宾被视为高雅之举，就连国家元首一年一度的国庆宴会也在帐篷内举行。

马里
马里共和国

面积 1 241 238平方千米　　**人口** 2 030万

首都 巴马科　　　　　　　**国庆** 9月22日（独立日）

货币 非洲法郎　　　　　　**与中国建交日** 1960年10月25日

民族 主要有班巴拉族、颇尔族、塞努福族和萨拉考列族。

语言 官方语言为法语，通用班巴拉语。

宗教 居民多信奉伊斯兰教。

集锦 位于尼日尔河和巴尼河交汇处的杰内古城，始建于公元前2世纪，以灿烂的伊斯兰文化和独特的摩尔式建筑而闻名于世。

塞内加尔
塞内加尔共和国

面积 196 722平方千米　　**人口** 1 630万

首都 达喀尔　　　　　　　**国庆** 4月4日

货币 非洲法郎　　　　　　**与中国建交日** 1971年12月7日

民族 主要有沃洛夫族、颇尔族和谢列尔族等。

语言 官方语言为法语，通用沃洛夫语。

宗教 居民多信奉伊斯兰教。

集锦 位于达喀尔东南3千米的戈雷岛，是历史上有名的囚禁和贩卖黑奴的基地。1510—1848年，殖民者从这里运走的黑奴不下2 000万人。

冈比亚
冈比亚共和国

面积 10 380平方千米　　**人口** 223万

首都 班珠尔　　　　　　　**国庆** 2月18日（独立日）

货币 达拉西。　　　　　　**与中国建交日** 1974年12月14日

民族 主要有曼丁哥族和富拉族。

语言 官方语言为英语，民族语言为曼丁哥语、沃洛夫语等。

宗教 居民多信奉伊斯兰教。

集锦 班珠尔为西非著名的旅游胜地。最初为一村落名叫班珠尔。1816年英国殖民大臣巴瑟斯特派人修建城堡，遂改名为巴瑟斯特。冈比亚独立后于1973年4月恢复现名。欧洲经济共同体、联合国开发计划署在此设办事处。

布基纳法索

面积 274 200平方千米　　**人口** 2 090万

首都 瓦加杜古　　　　　　**国庆** 12月11日

货币 非洲法郎。　　　　　**与中国建交日** 1973年9月15日

民族 主要是沃尔特族系和芒戴族。

语言 官方语言为法语，主要民族语言为莫西语、迪乌拉语、颇尔语。

宗教 居民主要信奉原始宗教、伊斯兰教和天主教。

集锦 首都瓦加杜古有"非洲影都"之称。泛非电影发行公司和泛非电影制作中心设此，并拥有为非洲影坛输送人才的电影培训和研究学院。自1969年起，每两年举行一次瓦加杜古泛非电影节。

佛得角
佛得角共和国

面积 4 033平方千米　　　**人口** 55万

首都 普拉亚　　　　　　　**国庆** 7月5日（独立日）

货币 佛得角埃斯库多　　　**与中国建交日** 1976年4月25日

民族 主要是克里奥尔人和黑色人。

语言 官方语言为葡萄牙语，通用克里奥尔语。

宗教 居民多信奉天主教。

集锦 在葡萄牙语中，佛得角意为"绿色的海角"。地处欧洲、美洲、非洲、亚洲交通要道，是连接四大洲的海上中心，素有"海上十字路口"之称。各国远洋轮船及大型飞机均在这里过往，并在此加油添水，使岛国每年从中赚取大量外汇。

几内亚比绍
几内亚比绍共和国

面积 36 125平方千米　　**人口** 190万

首都 比绍　　　　　　　　**国庆** 9月24日（独立日）

货币 非洲法郎　　　　　　**与中国建交日** 1974年3月15日

民族 主要是富拉族、巴兰特族和曼丁哥族。

语言 官方语言葡萄牙语，通用克里奥尔语。

宗教 多数居民信奉伊斯兰教。

集锦 首都比绍名称的由来有一番趣闻。1466年，当初来乍到的葡萄牙人向当地黑人问路："前面村庄叫什么名字"？黑人用当地语回答："比绍"，意思往前走。葡萄牙人误以为"比绍"是地名，记录下来并沿用至今。

几内亚
几内亚共和国

面积 245 857平方千米　　**人口** 1 260万

首都 科纳克里　　　　　　**国庆** 10月2日（独立日）

货币 几内亚法郎　　　　　**与中国建交日** 1959年10月4日

民族 主要有富拉族（颇尔族）、马林凯族和苏苏族。

语言 官方语言为法语。

宗教 居民多信奉伊斯兰教。

集锦 有"铝土之乡"美称的几内亚，全国处处埋藏丰富的铝土矿。其铝矾土品位高，氧化铝含量高达60%。

塞拉利昂
塞拉利昂共和国

面积 71 740千米　　　　　**人口** 760万

首都 弗里敦　　　　　　　**国庆** 4月27日（独立日）

货币 利昂　　　　　　　　**与中国建交日** 1971年7月29日

民族 主要是曼迪族和泰姆奈族。

语言 官方语言为英语。

宗教 居民主要信奉伊斯兰教和信奉基督教。

集锦 塞拉利昂钻石储量为2 300多万克拉，它是世界上主要钻石出口国之一，尤以出产大颗粒钻石而著称，享有"钻石王国"之美誉。

利比里亚
利比里亚共和国

面积	111 370平方千米	人口	505万
首都	蒙罗维亚	国庆	7月26日（独立日）
货币	利比里亚元	与中国建交日	1977年2月17日

民族 主要为克佩尔族、巴萨族、丹族、克鲁族等。
语言 官方语言为英语。
宗教 居民主要信奉拜物教、基督教和伊斯兰教。
集锦 利比里亚是全球第二大方便旗船籍国，目前全世界有1 800多艘船只悬挂利比里亚船旗。

科特迪瓦
科特迪瓦共和国

面积	322 463平方千米	人口	2 645万
首都	亚穆苏克罗	国庆	8月7日（独立日）
货币	非洲法郎	与中国建交日	1983年3月2日

民族 主要为阿肯族系、曼迪族系、沃尔特族系和克鲁族系。
语言 官方语言为法语，通用迪乌拉语（无文字）。
宗教 居民主要信奉伊斯兰教和基督教。
集锦 科特迪瓦法语意为"象牙海岸"。自西欧殖民者入侵西非沿岸，以廉价枪支、酒精与当地酋长在这一地带换取贵重的象牙。象牙海岸的命名深深地刻下了殖民者掠夺西非财富的烙印。

加纳
加纳共和国

面积	238 537平方千米	人口	3 083万
首都	阿克拉	国庆	3月6日（独立日）
货币	新塞地	与中国建交日	1960年7月5日

民族 主要为阿肯族、莫西-达戈姆巴族和埃维族。
语言 官方语言为英语，民族语言有埃维语、芳蒂语、豪萨语。
宗教 居民多信奉基督教。
集锦 从15世纪末至18世纪末三百年持续期间，西方殖民者葡、瑞典、丹麦、法、英、荷等国对黄金海岸黄金的掠夺，为西欧有关资本主义国家的资本原始积累提供了必要的资金。

多哥
多哥共和国

面积	56 785平方千米	人口	830万
首都	洛美	国庆	4月27日
货币	非洲法郎	与中国建交日	1972年9月19日

民族 主要是埃维族、阿克波索族和阿凯布族等。
语言 官方语言为法语，主要民族语言为埃维语、卡布列语。
宗教 居民多信奉拜物教。
集锦 该国从事商业活动中，90%为女性。富有吃苦耐劳精神的多哥妇女，天色刚亮就身背婴儿、头顶商品奔向市场，摆摊设点，或走街串巷，推销商品。

贝宁
贝宁共和国

面积	112 622平方千米	人口	1 180万
首都	波多诺伏	国庆	8月1日
货币	非洲法郎	与中国建交日	1964年11月12日

民族 主要为丰族、阿贾族、约鲁巴族、巴利巴族、奥塔 玛里族、颇尔族、松巴族等。
语言 官方语言为法语，通用丰语、约鲁巴语、巴利语。
宗教 居民多信奉传统宗教、基督教和伊斯兰教。
集锦 "非洲威尼斯"冈维埃水上村是西非著名的游览胜地。广阔湖面上只见一个个茅草屋屹立在高出水面密密麻麻的木桩上，有的房屋搭成圆形或方形，有的房子还带阳台，讲究一些的房屋还有卧室、起居室、厨房等。居民们出门、串户或赶集使用的独木舟大小不一，样式各异。独特的湖光水色和典型的非洲水上"阁楼"吸引着众多的异国游客。

尼日尔
尼日尔共和国

面积	1 267 000平方千米	人口	2 420万
首都	尼亚美	国庆	12月18日
货币	非洲法郎	与中国建交日	1974年7月20日

民族 主要为豪萨族、哲尔马-桑海族等。
语言 官方语言为法语。
宗教 居民多信奉伊斯兰教。
集锦 尼日尔河W段国家公园园内有许多巨大而怪异的白蚂蚁丘，蚁丘高达6米，长达60年而不毁。

尼日利亚
尼日利亚联邦共和国

面积	923 768平方千米	人口	20 600万
首都	阿布贾	国庆	10月1日
货币	奈拉	与中国建交日	1971年2月10日

民族 主要为豪萨-富拉尼族、约鲁巴族和伊博族。
语言 官方语言为英语。
宗教 居民信奉伊斯兰教、基督教和其他宗教。
集锦 阿布贾位于中央高原西南边缘，地处全国的地理中心，交通方便，气候宜人。1991年12月联邦政府将首都从拉各斯迁此。有机场和高速公路连接各州首府。

喀麦隆
喀麦隆共和国

面积	475 422平方千米	人口	2 587万
首都	雅温得	国庆	5月20日
货币	非洲法郎	与中国建交日	1971年3月26日

民族 主要为富尔贝族、巴米累克族、赤道班图族、俾格米族、西北班图族。
语言 官方语言为法语和英语。
宗教 居民信奉天主教、基督教新教、拜物教和伊斯兰教。
集锦 喀麦隆火山为非洲著名活火山，在古代传说中，被称为"神之战车"。20世纪喷发4次，最近一次在1959年。

赤道几内亚
赤道几内亚共和国

面积	28 051平方千米	**人口**	140万
首都	马拉博	**国庆**	10月12日
货币	非洲法郎	**与中国建交日**	1970年10月15日

民族 主要为芳族(大陆地区)和布比族(比奥科岛)。

语言 官方语言为西班牙语,法语为第二官方语言。

宗教 居民多信奉天主教。

集锦 赤道几内亚是非洲最早种植可可的地方。比奥科岛几乎所有的耕地都用于种植可可和咖啡,而且都是优质的"金瓜"品种。"可可咖啡之国"的可可和咖啡豆大多远销欧洲,成为本国的重要经济来源。

圣多美和普林西比
圣多美和普林西比民主共和国

面积	1 001平方千米	**人口**	22万
首都	圣多美	**国庆**	7月12日(独立日)
货币	多布拉。	**与中国建交日**	1975年7月12日

民族 主要为班图人。

语言 官方语言为葡萄牙语。

宗教 居民主要信奉天主教。

集锦 圣多美和普比西比靠近赤道,气候湿热,雨量充沛。岛上奇峰翠谷,绚丽多姿,热带植物茂密葱绿,自然景色瑰丽迷人,素有"赤道公园"之美称。

乍 得
乍得共和国

面积	1 284 000平方千米	**人口**	1 640万
首都	恩贾梅纳	**国庆**	8月11日(独立日)
货币	非洲法郎	**与中国建交日**	1972年11月28日

民族 主要是阿拉伯血统的柏柏尔族、瓦达伊族、图布族、巴吉尔米族等。

语言 官方语言为法语和阿拉伯语。

宗教 居民多信奉伊斯兰教、基督教、原始宗教。

集锦 乍得湖位于乍得和尼日尔、喀麦隆、尼日利亚的交界处。原有面积为2.2万平方千米。该湖面积逐年缩小,现在面积为1 300多平方千米。

苏 丹
苏丹共和国

面积	1 880 000平方千米	**人口**	4 491万
首都	喀土穆	**国庆**	1月1日(独立日)
货币	苏丹镑	**与中国建交日**	1959年2月4日

民族 主要为阿拉伯人。

语言 官方语言为阿拉伯语,通用英语。

宗教 居民主要信奉伊斯兰教。

集锦 首都喀土穆接近赤道,四周都是沙漠,全年极少下雨,因此气候十分炎热,夏季最高气温可达47.2℃,有"世界热都"之称。

南苏丹
南苏丹共和国

面积	620 000平方千米	**人口**	1 253万
首都	朱巴	**国庆**	7月9日
货币	南苏丹镑	**与中国建交日**	2011年7月9日

民族 有尼罗特人、尼罗哈姆人、班图人和努巴人四大族群。

语言 官方语言为英语,通用阿拉伯语。

宗教 居民多信奉原始部落宗教和基督教。

中 非
中非共和国

面积	622 984平方千米	**人口**	545万
首都	班吉	**国庆**	12月1日
货币	非洲法郎	**与中国建交日**	1964年9月29日

民族 有巴雅族、班达族和班图族等。

语言 官方语言为法语、桑戈语。

宗教 居民多信奉基督教和伊斯兰教。

集锦 当1958年建国时,因该国地处非洲的几何中心,议会一致通过称其为中非共和国,中文简称为中非。若以首都班吉为圆心,以3 300千米为半径画一个圆,那么,非洲大陆东、南、西、北4个岬角都落在圆周附近。

埃塞俄比亚
埃塞俄比亚联邦民主共和国

面积	1 103 600平方千米	**人口**	11 200万
首都	亚的斯亚贝巴	**国庆**	5月28日
货币	埃塞俄比亚比尔。		

民族 主要是奥罗莫族、阿姆哈拉族和提格雷族等。

语言 联邦工作语言为阿姆哈拉语,通用英语。

宗教 居民多信奉伊斯兰教和埃塞正教。

与中国建交日 1970年11月24日

集锦 拉利贝拉独石教堂,位于埃塞俄比亚首都亚的斯亚贝巴以北300多千米处。1181年,扎格维王朝的拉利贝拉做了国王,下令在这里的岩石上修筑教堂。5 000多石匠用了30年时间,在坚硬的整块岩石上凿出了12座教堂。

厄立特里亚
厄立特里亚国

面积	124 320平方千米	**人口**	621万
首都	阿斯马拉	**国庆**	5月24日(独立日)
货币	纳克法	**与中国建交日**	1993年5月24日

民族 提格雷尼亚族约占人口的50%,其余为提格雷族,库纳马族,阿法尔族,萨霍族等。

语言 主要民族语言为提格雷尼亚语、提格雷语,通用英语、阿拉伯语。

宗教 主要信奉东正教和伊斯兰教。

索马里
索马里联邦共和国

面积	637 657平方千米	**人口**	1 518万
首都	摩加迪沙	**国庆**	7月1日

货币 索马里先令　　　　　**与中国建交日** 1960年12月14日
民族 主要是萨马莱族系。
语言 官方语言为索马里语和阿拉伯语，通用英语和意大利语。
宗教 伊斯兰教为国教。
集锦 索马里是世界上骆驼最多的国家，也是世界上唯一骆驼比人还多的国家。骆驼是衡量家庭贫富的重要标准，故该国有"骆驼之国"的称呼。

吉布提
吉布提共和国

面积 23 200平方千米　　**人口** 102万
首都 吉布提　　　　　　**国庆** 6月27日（独立日）
货币 吉布提法郎　　　　**与中国建交日** 1979年1月8日
民族 主要为伊萨族和阿法尔族。
语言 官方语言为法语、阿拉伯语。
宗教 居民多信奉伊斯兰教。
集锦 首都吉布提地理位置优越，凡是北上经苏伊士运河去欧洲的船只，或者从红海南下印度洋、东亚的船只，都要在吉布提港加油。是红海地区和"非洲之角"的重要转口港。

肯尼亚
肯尼亚共和国

面积 582 646平方千米　**人口** 4 756万
首都 内罗毕　　　　　　**国庆** 12月12日
货币 肯尼亚先令　　　　**与中国建交日** 1963年12月14日
民族 主要为基库尤族、卢希亚族和卡伦金族等。
语言 国语为斯瓦希里语，与英语同为官方语言。
宗教 居民主要信奉基督教新教、天主教和伊斯兰教。
集锦 马赛马拉国家野生动物保护区是世界上最大的野生动物保护区。在这里，每年发生世界上最壮观的野生动物大迁徙，即"马拉河之渡"。届时，可以看到成千上万头角马前赴后继，从鳄鱼张开的血盆大口中横渡马拉河的壮观场面。

乌干达
乌干达共和国

面积 241 551平方千米　**人口** 4 430万
首都 坎帕拉　　　　　　**国庆** 10月9日
货币 乌干达先令　　　　**与中国建交日** 1962年10月18日
民族 主要是班图族。
语言 官方语言为英语，通用斯瓦希里语、卢干达语等地方语言。
宗教 居民多信奉天主教、基督教新教和伊斯兰教。
集锦 鼓是乌干达国家的象征。在乌干达国徽中间就有一面鼓的图案，这是几百年来一种古老传统的继续。在古代交通不便的年代，乌干达人民发明了用鼓声来传递信息。

坦桑尼亚
坦桑尼亚联合共和国

面积 945 087平方千米　**人口** 5 910万
首都 多多马　　　　　　**国庆** 4月26日

货币 坦桑尼亚先令　　　　**与中国建交日** 1964年4月26日
民族 主要是苏库马、尼亚姆维奇、查加、赫赫、马康迪和哈亚族等。
语言 国语为斯瓦希里语，与英语同为官方语言。
宗教 坦噶尼喀居民多信天主教、基督教新教和伊斯兰教。桑给巴尔居民多信奉伊斯兰教。
集锦 桑给巴尔岛到处是丁香树，素有"香岛"之称。世界80%的丁香产自该岛。每年6月至12月，串串花蕾初绽，清香醉人，会使人们油然产生"香不迷人人自迷"之感。

卢旺达
卢旺达共和国

面积 26 338平方千米　　**人口** 1 290万
首都 基加利　　　　　　**国庆** 7月1日（独立日）
货币 卢旺达法郎　　　　**与中国建交日** 1971年11月12日
民族 主要为胡图族和图西族。
语言 国语为卢旺达语，与英语、法语同为官方语言。
宗教 居民多信奉天主教和基督教新教。
集锦 境内山峦起伏，有"千丘之国"之称。约有2 000个山头遍布全国，这些山头不仅大小不等而且千姿百态。有的被大雨冲刷得圆而平滑，形似高脚馒头；有的绵亘起伏，恰像骏马奔腾；有的则巍峨耸立，直插蓝天。

布隆迪
布隆迪共和国

面积 27 834平方千米　　**人口** 1 190万
首都 基特加　　　　　　**国庆** 7月1日
货币 布隆迪法郎　　　　**与中国建交日** 1963年12月21日
民族 主要是胡图族和图西族。
语言 国语为基隆迪语，和法语同为官方语言。
宗教 居民多信奉天主教和基督教新教。
集锦 原首都布琼布拉气候四季如春，城市倚山临湖，有四季常熟之果，终年不败之花；热带林木苍翠葱茏，奇花异草争芳斗妍；是一座凉爽宜人的花园城市。

刚果民主共和国

面积 2 344 885平方千米　**人口** 9 238万
首都 金沙萨　　　　　　**国庆** 6月30日
货币 刚果法郎　　　　　**与中国建交日** 1961年2月20日
民族 主要是班图人。
语言 官方语言为法语。
宗教 居民多信奉罗马天主教和基督教新教。
集锦 刚果（金）拥有丰富的矿产资源。素有"世界原料仓库"之称。铀、钽、锗、铜、钴、锌、锰、锡、钻石等储量均居世界前列。

刚果
刚果共和国

面积 342 000平方千米　**人口** 552万
首都 布拉柴维尔　　　　**国庆** 8月15日（独立日）
货币 非洲法郎　　　　　**与中国建交日** 1964年2月22日

民族 主要为刚果族、姆博希族和太凯族。

语言 官方语言为法语，民族语言为刚果语、莫努库巴语、林加拉语。

宗教 居民主要信奉原始宗教、天主教和基督教新教。

集锦 刚果有"木材之国"的雅称。茂密的原始森林无边无际，森林覆盖率达60%，树种逾百，桉树和油棕树漫山遍野，有黑檀木、红木、乌木、桃花木等名贵木材50多种。

加蓬
加蓬共和国

面积	267 667平方千米	**人口**	218万
首都	利伯维尔	**国庆**	8月17日（独立日）
货币	非洲法郎	**与中国建交日**	1974年4月20日

民族 主要为芳族和巴普努族。

语言 官方语言为法语。

宗教 居民多信奉天主教、基督教新教和伊斯兰教。

集锦 加蓬出产驰名全球的奥堪美木。这种名贵木材具有芬芳的香味，坚韧的木质，用它制成的家具或其他物品，坚实耐用，纹理明显。

安哥拉
安哥拉共和国

面积	1 246 700平方千米	**人口**	3 309万
首都	罗安达	**国庆**	11月11日
货币	宽扎	**与中国建交日**	1983年1月12日

民族 主要为奥温本杜族、姆本杜族和巴刚果族等。

语言 官方语言为葡萄牙语。

宗教 居民主要信奉罗马天主教和基督教新教。

集锦 几个世纪中，葡萄牙人从安哥拉贩走的奴隶为300万人，且多数被卖到巴西，故安哥拉有"巴西黑人之母"的称号。

赞比亚
赞比亚共和国

面积	752 614平方千米	**人口**	1 840万
首都	卢萨卡	**国庆**	10月24日
货币	克瓦查	**与中国建交日**	1964年10月29日

民族 有73个民族，奔巴族为最大民族。

语言 官方语言为英语。

宗教 居民多信奉基督教和天主教。

集锦 铜与赞比亚人民生活紧密相连。居民家庭中，饭碗、汤钵、茶壶、酒杯、烟盒、果盘，往往都是铜制的；男子求婚要向女方赠送一件珍贵的铜制工艺品，女儿出嫁要陪送一个铜制梳妆台。

马拉维
马拉维共和国

面积	118 484平方千米	**人口**	1 845万
首都	利隆圭	**国庆**	7月6日
货币	克瓦查	**与中国建交日**	2007年12月28日

民族 主要为班图语系的尼昂加族、奇契瓦族和尧族。

语言 官方语言为英语、奇契瓦语。

宗教 居民主要信奉基督教新教和天主教。

集锦 马拉维湖风景如画，是非洲著名的旅游胜地。浩瀚的湖面波光粼粼，日暮晨曦，湖面上现出七色光环，景致迷人。

莫桑比克
莫桑比克共和国

面积	799 380平方千米	**人口**	3 162万
首都	马普托	**国庆**	6月25日
货币	梅蒂卡尔	**与中国建交日**	1975年6月25日

民族 最大是马库阿-洛姆埃族。

语言 官方语言为葡萄牙语。

宗教 居民多信天主教、伊斯兰教和原始宗教。

集锦 莫桑比克腰果产量占世界总量45%，享有"世界腰果之乡"的美誉。在莫桑比克，腰果的图案处处可见，有关腰果的歌曲、诗歌和小说更是脍炙人口。

科摩罗
科摩罗联盟

面积	2 236平方千米	**人口**	89万
首都	莫罗尼	**国庆**	7月6日
货币	科摩罗法郎	**与中国建交日**	1975年11月13日

民族 主要为阿拉伯人后裔、卡夫族和马高尼族等。

语言 官方语言为科摩罗语、法语和阿拉伯语。

宗教 居民多信奉伊斯兰教。

集锦 科摩罗是世界上著名的伊兰伊兰、丁香、鹰爪兰、香草、紫罗兰等香料作物的产地，享有"香料岛国"之美誉。

马达加斯加
马达加斯加共和国

面积	590 750 平方千米	**人口**	2 743万
首都	塔那那利佛	**国庆**	6月26日(独立日)
货币	阿里亚里	**与中国建交日**	1972年11月6日

民族 主要有伊麦利那族、贝希米扎拉卡族和贝希略族等。

语言 民族语言为马达加斯加语，官方通用法语。

宗教 居民多信奉基督教和传统宗教。

集锦 名冠群香的香草为该国的骄傲。香草加工后可做露酒、冷饮、甜点心、糖果，还可制作药品和高级香水，每年大量出口欧美从中赚取大量外汇。

塞舌尔
塞舌尔共和国

面积	455平方千米	**人口**	9.9万
首都	维多利亚	**国庆**	6月29日
货币	塞舌尔卢比	**与中国建交日**	1976年6月30日

民族 主要为班图人、克里奥尔人和印巴人后裔等。

语言 国语为克里奥尔语，通用英语和法语。

宗教 居民多信奉天主教。

集锦 国宝"海椰子"为椰子中的稀世珍品。可生存千年，雄雌异株，树根缠绕，相依而生，结出雌雄不同的海椰子。每个果实重30多公斤，形状如同人的心脏。椰果汁液具有滋阴补肾、强身健体之功效。

毛里求斯
毛里求斯共和国

面积 2 040平方千米　　**人口** 126万

首都 路易港　　**国庆** 3月12日(独立日)

货币 毛里求斯卢比　　**与中国建交日** 1972年4月15日

民族 主要是印度和巴基斯坦人后裔，还有克里奥尔人等。

语言 官方语言为英语，法语亦普遍使用，克里奥尔语为当地人普遍使用的口语。

宗教 居民多信奉印度教、基督教和伊斯兰教。

集锦 在拥有120多万人口的毛里求斯，有3万多主要来自中国广东省梅县的客家人。他们仍保留着祭祀祖先、烧香拜佛、清明扫墓等中国传统习俗。

纳米比亚
纳米比亚共和国

面积 824 269平方千米　　**人口** 253万

首都 温得和克　　**国庆** 3月21日(独立日)

货币 纳米比亚元　　**与中国建交日** 1990年3月22日

民族 主要是奥万博族。

语言 官方语言为英语。

宗教 居民多信仰基督教。

集锦 纳米布沙漠纵贯纳米比亚，从安哥拉的纳米贝向南至奥兰治河口，延伸1 900千米，东西宽80～130千米。平原地形，呈阶梯状向内陆升高。地表覆盖流沙，沙丘高60～240米。千姿百态的沙丘，四季如春的气候，使其成为理想的避暑度假胜地。有世界珍稀火烈鸟、燕鸥等水鸟在此栖息。设有海豹自然保护区。

博茨瓦纳
博茨瓦纳共和国

面积 581 730平方千米　　**人口** 240万

首都 哈博罗内　　**国庆** 9月30日(独立日)

货币 普拉　　**与中国建交日** 1975年1月6日

民族 主要是恩瓦托族。

语言 官方语言为英语，茨瓦纳语为通用语言。

宗教 居民多信奉基督教。

集锦 哈博罗内始建于18世纪后期，其名称是以当地特洛瓦克部落酋长哈博罗内·马特拉平的名字命名的。19世纪，他曾率领本族人民同南非殖民主义者进行了英勇的斗争。在英国人占领该地时，曾将该地名称拼错。1966年博茨瓦纳独立后，根据茨瓦纳语改拼为现名，并定为首都。

津巴布韦

面积 390 580平方千米　　**人口** 1 518万

首都 哈拉雷　　**国庆** 4月18日(独立日)

货币 津巴布韦元　　**与中国建交日** 1980年4月18日

民族 主要是绍纳族。

语言 官方语言为英语、绍纳语、恩德贝莱语。

宗教 居民多信奉基督教和原始宗教。

集锦 津巴布韦遗址，又称大津巴布韦国家遗址，当地班图语意为"石房子或石头城"，为津巴布韦著名建筑群遗址。占地29公顷以上。由内城和卫城两部分组成。建筑均用石块砌成。据考，建于6—8世纪，14—15世纪为莫诺莫塔帕王国都城。遗址发现于1867年。

南非
南非共和国

面积 1 219 090平方千米　　**人口** 5 962万

首都 行政首都为比勒陀利亚，立法首都开普敦，司法首都布隆方丹。

国庆 4月27日(自由日)。　**货币** 兰特

民族 其中黑人占人口的79.5%。

语言 有11种官方语言，通用英语和阿非利卡语。

宗教 白人、大多数有色人和60%的黑人信奉基督教新教或天主教。

与中国建交日 1998年1月1日

集锦 立法首都开普敦是座最具欧洲风情的非洲城市。开普敦的标志——桌山，高达1 067米，山顶好像用刀锋削平，如桌面般平坦。整个山顶水平如镜，远看就像一张上帝的餐桌。

斯威士兰
斯威士兰王国

面积 17 363平方千米　　**人口** 119万

首都 姆巴巴内　　**国庆** 9月6日(独立日)

货币 里兰吉尼。

民族 主要是斯威士兰族。

语言 官方语言为英语和斯瓦蒂语。

宗教 居民主要信仰基督教和原始宗教。

集锦 姆巴巴内是斯威士兰的首都。位于该国西北部1 163米的高地上，有铁路与莫桑比克首都马普托相通。是以当地部落酋长姆巴巴内·库内纳的名字命名的。设有斯威士兰大学。

莱索托
莱索托王国

面积 30 344平方千米　　**人口** 214万

首都 马塞卢　　**国庆** 10月4日(独立日)

货币 洛蒂　　**与中国建交日** 1983年4月30日

民族 主要为巴苏陀族、祖鲁族。

语言 通用英语和塞苏陀语。

宗教 居民多信奉基督教新教和天主教。

集锦 发达的畜牧业及特殊的高原气候形成了莱索托人民特有的民族服装。全国男女老少人人身上都披有一条色彩鲜艳的毛毯，给高山之国增添色彩和情趣。

・大洋洲・

澳大利亚
澳大利亚联邦

面积	7 692 000平方千米	**人口**	2 542万
首都	堪培拉	**国庆**	1月26日
货币	澳元	**与中国建交日**	1972年12月21日

民族 主要是英国及爱尔兰后裔，还有部分土著人和华人。
语言 通用语言为英语。
宗教 居民多信奉基督教。
集锦 大堡礁位于澳大利亚东北海岸外的珊瑚海上。断续绵延2 000千米，包括3 000多个礁体，分布面积207 000平方千米。以其绚丽多彩、千姿百态的珊瑚和珍贵奇异的海洋生物组成的海洋风光被誉为世界七大自然奇景之一。1981年列入《世界遗产名录》。

悉尼歌剧院是澳大利亚的象征，人们称之为20世纪最伟大的建筑之一。门前大台阶，宽90米，桃红色花岗石铺面，是当今世界最大的室外台阶。主体建筑分为三部分，即音乐厅、歌剧厅和餐厅。前两部分各由四个巨大的贝壳顶组成，餐厅则覆盖着两片贝壳。最高的贝壳达67米，有20多层楼那么高。

巴布亚新几内亚
巴布亚新几内亚独立国

面积	462 840平方千米	**人口**	912万
首都	莫尔兹比港	**国庆**	9月16日（独立日）
货币	基那	**与中国建交日**	1976年10月12日

民族 主要是美拉尼西亚人。
语言 官方语言为英语。
宗教 居民主要信奉基督教，其余信奉传统拜物教。
集锦 在巴布亚新几内亚，有一身美丽羽毛的极乐鸟十分受人珍爱，被人崇拜。巴布亚新几内亚的国旗国徽上都有它的影子。

所罗门群岛

面积	28 369平方千米	**人口**	72万
首都	霍尼亚拉	**国庆**	7月7日
货币	所罗门群岛元	**与中国建交日**	2019年9月21日

民族 主要是美拉尼西亚人。
语言 官方语言为英语，通用皮金语。
宗教 居民多信奉基督教新教和天主教。
集锦 1568年，西班牙航海家蒙达尼亚从秘鲁向太平洋进发，寻找圣经传说中所罗门王的财宝。当他看到这些岛上土著人佩戴金质饰品，误以为找到所罗门王的宝库，遂以此命名之。

新 西 兰

面积	270 534平方千米	**人口**	512万
首都	惠灵顿	**国庆**	2月6日
货币	新西兰元	**与中国建交日**	1972年12月22日

民族 主要是欧洲移民和毛利人。
语言 官方语言为英语、毛利语。
宗教 居民主要信奉基督教新教和天主教。
集锦 怀托莫溶洞位于新西兰北岛奥克兰以南168千米。由怀托莫萤火虫洞、鲁阿库尔洞、阿拉纽伊洞组成。怀托莫萤火虫洞的千千万万萤火虫倒映于溶洞流水中，如万珠映镜，属稀世奇观。

帕 劳
帕劳共和国

面积	458平方千米	**人口**	2.1万
首都	梅莱凯奥克	**国庆**	10月1日（独立日）
货币	美元。		

民族 多数属密克罗尼西亚人种。
语言 官方语言为帕劳语，通用英语。
宗教 居民主要信奉基督教。

纽 埃

面积	260平方千米	**人口**	0.18万
首都	阿洛菲	**国庆**	10月19日
货币	新西兰元	**与中国建交日**	2007年12月12日

民族 属波利尼西亚人种。
语言 通用纽埃语和英语。
宗教 居民多信奉埃克利西亚纽埃教，其余信奉摩门教和罗马天主教

瑙 鲁
瑙鲁共和国

面积	21平方千米	**人口**	1.2万
首都	行政管理中心在亚伦	**国庆**	1月31日（独立日）
货币	澳元	**与中国建交日**	2002年7月21日

民族 主要为瑙鲁人，其他为南太平洋岛国人。
语言 官方语言为瑙鲁语，通用英语。
宗教 多数居民信奉基督教新教，少数信奉天主教。

密克罗尼西亚联邦

面积	702平方千米	**人口**	10万
首都	帕利基尔	**国庆**	11月3日（独立日）
货币	美元	**与中国建交日**	1989年9月11日

民族 主要是密克罗尼西亚人。
语言 官方语言为英语。
宗教 居民主要信奉天主教和新教。

马绍尔群岛
马绍尔群岛共和国

面积	181平方千米	**人口**	5.5万
首都	马朱罗	**国庆**	5月1日（独立日）
货币	美元		

民族 主要为马绍尔人，其余为密克罗尼西亚人等。
语言 官方语言为马绍尔语，通用英语。

宗教 居民主要信奉基督教新教和神召会。

集锦 比基尼环礁是位于太平洋西部的珊瑚礁，面积约5平方千米。1946年和1954年美国在此进行核武器试验。1956年成为第一颗氢弹的试验场所。比基尼泳装名出自此环礁名。

库克群岛

面积	240平方千米	**人口**	1.8万
首都	阿瓦鲁阿	**国庆**	8月4日
货币	新西兰元	**与中国建交日**	1997年7月25日

民族 毛利人占人口的绝大多数，有少量欧洲人。

语言 通用毛利语和英语。

宗教 居民多信奉基督教新教，其余信奉天主教。

图瓦卢

面积	26平方千米	**人口**	1.1万
首都	富纳富提	**国庆**	10月1日

货币 图瓦卢硬币、澳元。

民族 主要是图瓦卢人。

语言 官方语言为英语，通用图瓦卢语。

宗教 居民信奉基督教。

集锦 图瓦卢是由9个环礁组成。而图瓦卢在当地语意为"8礁之群"，缘由纽拉基塔环礁太小，早期无常年居住的居民，故名。

汤加
汤加王国

面积	747平方千米	**人口**	10万
首都	努库阿洛法	**国庆**	11月4日
货币	潘加	**与中国建交日**	1998年11月2日

民族 主要是汤加人（属波利尼西亚人种）。

语言 通用汤加语和英语。

宗教 居民主要信奉基督教。

集锦 位于国际日期变更线西侧且是距离此线最近的国家。

基里巴斯
基里巴斯共和国

面积	811平方千米	**人口**	11万
首都	塔拉瓦	**国庆**	7月12日（独立日）
货币	澳大利亚元	**与中国建交日**	1980年6月25日

民族 主要是密克罗尼西亚人。

语言 官方语言为英语，通用基里巴斯语和英语。

宗教 居民主要信奉罗马天主教和基里巴斯新教。

瓦努阿图
瓦努阿图共和国

面积	12 190平方千米	**人口**	31万
首都	维拉港	**国庆**	7月30日（独立日）
货币	瓦图	**与中国建交日**	1982年3月26日

民族 主要是瓦努阿图人（属美拉尼西亚人种）。

语言 官方语言为英语、法语和比斯拉马语，通用比斯拉马语。

宗教 居民主要信奉基督教。

斐济
斐济共和国

面积	18 272平方千米	**人口**	89万
首都	苏瓦	**国庆**	10月10日（独立日）
货币	斐济元	**与中国建交日**	1975年11月5日

民族 主要为斐济族人和印度族人。

语言 官方语言为英语、斐济语和印地语，通用英语。

宗教 居民多信奉基督教和印度教。

集锦 斐济成为英国殖民地后，殖民政府于1878年从印度招来大批劳工，这些人主要从事甘蔗种植园劳作，后在此定居。

萨摩亚
萨摩亚独立国

面积	2 934平方千米	**人口**	20万
首都	阿皮亚	**国庆**	6月1日（独立日）
货币	塔拉	**与中国建交日**	1975年11月6日

民族 绝大多数为萨摩亚人。

语言 官方语言为萨摩亚语，通用英语。

宗教 多数居民信奉基督教。

• 北美洲 •

加拿大

面积	9 984 670平方千米	**人口**	3 825万
首都	渥太华	**国庆**	7月1日（加拿大日）
货币	加拿大元	**与中国建交日**	1970年10月13日

民族 主要为英、法等欧洲后裔。

语言 英语和法语同为官方语言。

宗教 居民主要信奉天主教和基督教新教。

集锦 加拿大有"枫树之国"的美誉。每当寒霜初降，秋风飒飒时，加拿大南部数省，漫山遍野被枫叶所盖，如彤云飘逸、如霞晚照，到处是一片火红。

美国
美利坚合众国

面积	9 372 614平方千米	**人口**	33 189万
首都	华盛顿	**国庆**	7月4日（独立日）
货币	美元	**与中国建交日**	1979年1月1日

民族 主要是白人、拉美裔、黑人和亚裔。

语言 通用英语。

宗教 居民多信奉基督教新教和天主教。

集锦 好莱坞位于美国西部加利福尼亚州洛杉矶市西北，是世界著名的电影城，美国电影业的代名词。1887年由房地产开发商威尔科克斯的夫人取名为好莱坞，意为"冬青树林"。因这里多晴日、阳光充足、劳动力充裕，二十世纪初电影业向此集中，美国大部分影片出自该地。1960年起成为美国电视节目的主要制作地。

墨西哥
墨西哥合众国

面积	1 964 375平方千米	**人口**	12 601万
首都	墨西哥城	**国庆**	9月16日（独立日）
货币	墨西哥比索	**与中国建交日**	1972年2月14日

民族 主要是印欧混血种人和印第安人。
语言 官方语言为西班牙语。
宗教 居民多信奉天主教和基督教新教。
集锦 墨西哥三种文化广场坐落于墨西哥城特洛特洛尔科区。广场上荟萃了阿兹特克、殖民时期和现代三个不同时期的三组建筑物，各具风采，互相衬托。其中阿兹特克大祭坛、圣地亚哥特拉尔科大教堂和外交部大楼是3组建筑物的代表。

危地马拉
危地马拉共和国

面积	108 889平方千米	**人口**	1 686万
首都	危地马拉	**国庆**	9月15日（独立日）
货币	格查尔。		

民族 主要是印第安人，其余为印欧混血种人和欧洲移民后裔。
语言 官方语言为西班牙语。
宗教 居民信奉天主教和基督教新教。

伯利兹

面积	22 966平方千米	**人口**	42万
首都	贝尔莫潘	**国庆**	9月21日（独立日）
货币	伯利兹元。		

民族 主要为混血种人和克里奥尔人。
语言 官方语言为英语。
宗教 居民多信奉天主教和基督教新教。

萨尔瓦多
萨尔瓦多共和国

面积	20 720平方千米	**人口**	642万
首都	圣萨尔瓦多	**国庆**	9月15日（独立日）
货币	科朗。	**与中国建交日**	2018年8月21日

民族 主要是印欧混血种人。
语言 官方语言为西班牙，土著语言有纳华语。
宗教 居民主要信奉天主教。

洪都拉斯
洪都拉斯共和国

面积	112 492平方千米	**人口**	959万
首都	特古西加尔巴	**国庆**	9月15日（独立日）
货币	伦皮拉。	**与中国建交日**	2023年3月26日

民族 主要是印欧混血种人和印第安人。
语言 官方语言为西班牙语。
宗教 居民主要信奉天主教。

尼加拉瓜
尼加拉瓜共和国

面积	130 400平方千米	**人口**	662万
首都	马那瓜	**国庆**	9月15日（独立日）
货币	科多巴。	**与中国建交日**	1985年12月7日

民族 主要是印欧混血种人和白人。
语言 官方语言为西班牙语。
宗教 居民多信奉天主教。
集锦 尼加拉瓜湖面积8 000多平方千米，为中美洲最大的湖泊。它是世界上唯一有海洋鱼类的淡水湖。

哥斯达黎加
哥斯达黎加共和国

面积	51 100平方千米	**人口**	511万
首都	圣何塞	**国庆**	9月15日（独立日）
货币	科朗	**与中国建交日**	2007年6月1日

民族 主要是白人和印欧混血种人。
语言 官方语言为西班牙语。
宗教 居民主要信奉天主教。
集锦 位于首都圣何塞西北的波阿斯火山，海拔2 700米。是世界上最大的喷泉火山，热气腾腾的泉水从火山口喷出的水柱高达760米，成为气吞山河的世界奇观。

巴拿马
巴拿马共和国

面积	75 517平方千米	**人口**	436万
首都	巴拿马城	**国庆**	11月3日（独立日）
货币	美元、巴波亚。	**与中国建交日**	2017年6月13日

民族 主要是印欧混血种人、印第安人和黑人。
语言 官方语言为西班牙语。
宗教 居民多信奉天主教。
集锦 巴拿马将在运河分别位于太平洋和大西洋两端各修建一组三级提升船闸和配套设施。新闸室宽度为55米，长度为427米，深度为15米，扩建后将能够让装载1.2万个集装箱的货轮顺利通过。因此每年通过巴拿马运河的船只数量将从目前的大约1.4万艘增加到1.77万艘。工程于2007年动工，计划2014年巴拿马运河建成100周年时竣工。

古巴
古巴共和国

面积	109 884平方千米	**人口**	1 118万
首都	哈瓦那	**国庆**	1月1日
货币	比索	**与中国建交日**	1960年9月28日

民族 主要是白人、黑人和混血种人。
语言 官方语言为西班牙语。
宗教 部分居民信奉天主教。
集锦 古巴的代表产品之一是雪茄烟。古巴西部肥沃的红壤是世界上最佳雪茄烟草的产地。"哈瓦那雪茄烟"驰名全球，而科伊巴雪茄烟更是著名品牌。

牙买加

面积	10 991平方千米	**人口**	297万
首都	金斯敦	**国庆**	8月6日（独立日）
货币	牙买加元	**与中国建交日**	1972年11月21日

民族 主要是黑人和黑白混血种人。
语言 官方语言为英语。
宗教 多数居民信奉基督教，少数信奉印度教和犹太教。
集锦 雷吉音乐诞生于20世纪60年代后的牙买加，70年代曾一度流行全世界。推动这股流行之风的是出生于金斯敦贫民区的牙买加黑人音乐家鲍勃·马雷。

巴哈马
巴哈马国

面积	13 939平方千米	**人口**	39万
首都	拿骚	**国庆**	7月10日（独立日）
货币	巴哈马元	**与中国建交日**	1997年5月23日

民族 主要为黑人，其余为白人和亚裔或西班牙裔人。
语言 官方语言为英语。
宗教 多数居民信奉基督教。

海 地
海地共和国

面积	27 797平方千米	**人口**	1 154万
首都	太子港	**国庆**	1月1日（独立日）
货币	古德。		

民族 主要为黑人。
语言 官方语言为法语和克里奥尔语。
宗教 居民多信奉天主教和基督教新教，其余信奉伏都教。

多米尼加
多米尼加共和国

面积	48 734平方千米	**人口**	1 045万
首都	圣多明各	**国庆**	2月27日
货币	比索。	**与中国建交日**	2018年5月1日

民族 主要是黑白混血种人和印欧混血种人。
语言 官方语言为西班牙语。
宗教 居民主要信奉天主教。
集锦 多米尼加是梅伦格舞的发祥地。2/4拍为其基本节奏，曲调欢快。据说欢快的曲调使得男女舞者飞快地旋转，如同做梅伦格蛋糕时蛋白和砂糖在一起搅拌，故名。

安提瓜和巴布达

面积	442平方千米	**人口**	9.8万
首都	圣约翰	**国庆**	11月1日（独立日）
货币	东加勒比元	**与中国建交日**	1983年1月1日

民族 绝大多数为非洲黑人后裔。
语言 官方语言和通用语言为英语。
宗教 多数居民信奉基督教。

圣基茨和尼维斯
圣基茨和尼维斯联邦

面积	267平方千米	**人口**	5.7万
首都	巴斯特尔	**国庆**	9月19日（独立日）
货币	东加勒比元。		

民族 主要为黑人，其余为混血种人和白人。
语言 官方语言为英语。
宗教 居民多为圣公会教徒。

多米尼克
多米尼克国

面积	751平方千米	**人口**	7.2万
首都	罗索	**国庆**	11月3日（独立日）
货币	东加勒比元	**与中国建交日**	2004年3月23日

民族 主要为黑人和黑白混血种人。
语言 官方语言为英语。
宗教 多数居民信奉天主教。
集锦 1493年11月3日，哥伦布在其第二次远航美洲时抵达该岛，正巧是星期日，于是命名"多米尼加"，拉丁文意为"星期日"。

圣卢西亚

面积	616平方千米	**人口**	18万
首都	卡斯特里	**国庆**	12月13日
货币	东加勒比元。		

民族 主要为黑人，其余为黑白混血种人。
语言 英语为官方语言和通用语。
宗教 多数居民信奉罗马天主教。

圣文森特和格林纳丁斯

面积	389平方千米	**人口**	11万
首都	金斯敦	**国庆**	10月27日（独立日）
货币	东加勒比元。		

民族 主要为黑人，其余为混血种人和印度裔人。
语言 通用英语。
宗教 多数居民信奉基督教和天主教。

巴巴多斯

面积	431平方千米	**人口**	28万
首都	布里奇敦	**国庆**	11月30日（独立日）
货币	巴巴多斯元	**与中国建交日**	1977年5月30日

民族 主要为非洲黑人后裔和欧洲人后裔。
语言 通用英语。
宗教 多数居民信奉基督教。
集锦 1536年，葡萄牙探险家来到岛上，看到满山遍野被藤蔓缠绕的无花果树, 酷似人的胡须, 于是命名为巴巴多斯。在葡语中意为"长胡须的(岛)"。

格林纳达

面积	344平方千米
首都	圣乔治
货币	东加勒比元
民族	主要为黑人和混血种人。
语言	官方语言和通用语言为英语。
宗教	多数居民信奉天主教。

人口 11万
国庆 2月7日(独立日)
与中国建交日 1985年10月1日

集锦 是世界上最大肉豆生产国, 在加勒比地区有"香料之岛"的美称。

特立尼达和多巴哥
特立尼达和多巴哥共和国

面积 5 128平方千米　人口 140万
首都 西班牙港　国庆 8月31日(又称独立日)
货币 特立尼达和多巴哥元。
与中国建交日 1974年6月20日。
民族 主要是印度裔人和黑人
语言 官方语言和通用语言均为英语。
宗教 居民多信奉天主教、印度教、英国圣公会教和伊斯兰教。

·南美洲·

哥伦比亚
哥伦比亚共和国

面积 1 141 748平方千米　人口 5 037万
首都 波哥大　国庆 7月20日(独立日)
货币 比索　与中国建交日 1980年2月7日
民族 主要为印欧混血种人、白人和黑白混血种人。
语言 官方语言为西班牙语。
宗教 多数居民信奉天主教。

集锦 哥伦比亚素有"鲜花之国"的美称。一年四季鲜花竞相开放, 争芳斗艳, 处处姹紫嫣红, 香气袭人。全国有高等花卉5万多种, 仅兰花就有3 000种之多, 而"五月兰"评为国花。鲜花为国家出口创汇的重要产业。

委内瑞拉
委内瑞拉玻利瓦尔共和国

面积 916 700平方千米　人口 3 222万
首都 加拉加斯　国庆 7月5日(独立日)
货币 玻利瓦尔　与中国建交日 1974年6月28日
民族 主要为印欧混血种人、白人和黑人。
语言 官方语言为西班牙语。
宗教 居民主要信奉天主教, 少数人信奉基督教新教。

秘 鲁
秘鲁共和国

面积 1 285 216平方千米　人口 3 263万
首都 利马　国庆 7月28日(独立日)
货币 新索尔　与中国建交日 1971年11月2日
民族 主要是印第安人和印欧混血种人。
语言 官方语言为西班牙语。
宗教 居民主要信奉天主教。

集锦 马丘比丘为印加帝国晚期古城遗址。位于秘鲁南部库斯科西北80千米处, 两座险峰之间的鞍形山脊上, 海拔2 743米。城中的神殿、祭坛、城墙、水道, 依然宏伟壮观。遗址面积约13平方千米。1983年列入《世界遗产名录》。

厄瓜多尔
厄瓜多尔共和国

面积 256 370平方千米　人口 1 752万
首都 基多　国庆 8月10日(独立日)
货币 美元　与中国建交日 1980年1月2日
民族 主要是印欧混血种人、印第安人和白种人等。
语言 官方语言为西班牙语。
宗教 居民主要信奉天主教。

集锦 赤道纪念碑和新赤道纪念碑是厄瓜多尔著名地理标志性建筑。纪念碑四面刻有大写的西班牙语字母"E"、"S"、"O"、"N"分别代表东、南、西、北。碑身上刻着"这里是地球中心"。1979年拆除迁建至赤道经过的加拉加利。1982年8月在旧碑不远处新设高达30米的新赤道纪念碑。从碑的圆球体至纪念碑广场, 划有一条表示赤道线位置的黄线。

玻利维亚
多民族玻利维亚国

面积 1 098 581平方千米　人口 1 163万
首都 苏克雷(政府、议会所在地为拉巴斯)
国庆 8月6日　货币 玻利维亚诺
民族 主要是印第安人、印欧混血种人和白人。
语言 官方语言为西班牙语, 主要民族语言有克丘亚语、阿依马拉语。
宗教 多数居民信奉天主教。
与中国建交日 1985年7月9日

集锦 1538年沦为西班牙殖民地后称上秘鲁。在南美独立战争期间, 玻利瓦尔率领和指挥的爱国军, 胜利地解放了上秘鲁。西蒙·玻利瓦尔被尊称为"上秘鲁之父"。同年8月25日, 上秘鲁议会作出决议, 以解放者西蒙·玻利瓦尔的姓氏命名这个新独立的国家, 称其为玻利瓦尔共和国。为了使以姓氏命名的国名拼写更符合西班牙语词法拼写要求, 议会又将其称为玻利维亚共和国。玻利维亚(Bolivia)意为"玻利瓦尔之国"。

巴拉圭
巴拉圭共和国

面积 406 752平方千米　人口 725万
首都 亚松森　国庆 5月14日(独立日)
货币 瓜拉尼。

民族 主要为印欧混血种人。

语言 官方语言为西班牙语、瓜拉尼语。

宗教 居民主要信奉天主教。

集锦 当地人把一种常见的灌木的嫩叶摘下,经烘干研制成粉末,用水冲调便成了略带苦涩、清香爽口的马黛茶。当地土著人习惯手托一似葫芦的马黛壶,壶里有一吸管,边走边泡边吸,悠然自得。

圭亚那
圭亚那合作共和国

面积 214 969平方千米 　　**人口** 77万

首都 乔治敦 　　**国庆** 2月23日

货币 圭亚那元 　　**与中国建交日** 1972年6月27日

民族 主要是印度人、黑人和混血种人等。

语言 官方语言和通用语为英语,也使用克里奥尔语、乌尔都语、印第安语、印地语。

宗教 居民主要信奉印度教、基督教、罗马天主教和伊斯兰教。

集锦 圭亚那一词源于印第安语,意为"多水之乡"。该国沿海河川纵横交错,湖泊星罗棋布,山涧瀑布飞泻,河谷溪水淙淙,一片水乡泽国景色。

苏里南
苏里南共和国

面积 163 820平方千米 　　**人口** 60万。

首都 帕拉马里博 　　**国庆** 11月25日(独立日)

货币 苏里南元 　　**与中国建交日** 1976年5月28日

民族 主要为印度人、克里奥尔人和印度尼西亚人。

语言 官方语言为荷兰语,通用苏里南语。

宗教 居民多信奉基督教、印度教和伊斯兰教。

集锦 首都帕拉马里博,各种不同风格的建筑荟萃一起;黑、白、红、黄不同肤色的人群来往街头;英、荷兰、印地、爪哇和汉语等语言历历在耳;各种文字书写的广告和招牌映入眼帘,真有"苏里南,小联合国"的感觉。

巴西
巴西联邦共和国

面积 8 514 900平方千米 **人口** 21 332万

首都 巴西利亚 　　**国庆** 9月7日

货币 雷亚尔 　　**与中国建交日** 1974年8月15日

民族 主要为白人和黑白混血种人。

语言 官方语言为葡萄牙语。

宗教 居民主要信奉天主教。

集锦 巴西利亚布局独特,整座城市沿垂直的两轴铺开:向机翼南北延伸的公路轴和沿机身东西延伸的纪念碑轴。处于机头部分的是"三权"广场。沿机身两侧,分别为各部委大楼和其它功能性建筑。而沿机翼两侧,分布着对称的各16个居民区方阵。

智利
智利共和国

面积 756 626平方千米 **人口** 1 921万

首都 圣地亚哥 　　**国庆** 9月18日(独立日)

货币 比索 　　**与中国建交日** 1970年12月15日

民族 主要为印欧混血种人和白人。

语言 官方语言为西班牙语。印第安人聚居区使用马普切语。

宗教 居民多信奉天主教和福音教。

集锦 复活节岛当地称"拉帕努伊岛",意即"石像的故乡"。太平洋东南部孤岛,距智利以西3 600千米,面积163平方千米。1888年起归智利管辖。以隆戈隆戈象形文字和上千尊用整块巨石雕成的石像"摩阿仪"闻名于世。

阿根廷
阿根廷共和国

面积 2 780 400平方千米 **人口** 4 538万

首都 布宜诺斯艾利斯 **国庆** 5月25日

货币 比索 　　**与中国建交日** 1972年2月19日

民族 主要是白人,多属西班牙和意大利后裔。

语言 官方语言为西班牙语。

宗教 居民主要信奉天主教。

集锦 1880年,探戈诞生于布宜诺斯艾利斯。它继承了阿根廷民间舞曲的传统,吸取了"阿瓦内拉""坎东贝"等黑人舞蹈的旋律和节奏,成为阿根廷民族风格的新型舞曲。

乌拉圭
乌拉圭东岸共和国

面积 176 215平方千米 **人口** 352万

首都 蒙得维的亚 　　**国庆** 8月25日

货币 乌拉圭比索 　　**与中国建交日** 1988年2月3日

民族 主要为白人,有少数印欧混血种人。

语言 官方语言为西班牙语。

宗教 居民主要信奉天主教。

集锦 乌拉圭人酷爱吃烤牛肉。把刚宰杀的肉质鲜嫩的牛肉切成小块,再撒上盐等调料,放在柴火架上熏烤。吃时抹上一种独特的"奇米秋利"酱,并以葡萄酒佐餐。